Ser papá

Ser papá

EL PADRE COMO IMAGEN DE LA GRACIA DE DIOS

Scott Keith

PRÓLOGO DE **Rod Rosenbladt**

PROYECTONEHEMÍAS

Ser papá: El padre como imagen de la gracia de Dios

Scott Leonard Keith

Publicado en © 2024 por
1517 Publicaciones
PO Box 54032
Irvine, CA 92619-4032

ISBN (Impreso) 978-1-964419-36-7
ISBN (eBook) 978-1-964419-37-4

Traducido del libro *Being Dad: Father as a Picture of God's Grace*
© 2015 por New Reformation Publications. Publicado por NRP Books
Traducción por Elvis Castro

Abreviaturas y citas

Obras de Lutero

AE   *Luther's Works*. Ed. americana, 55 vols. St. Louis: Concordia y Philadelphia: Fortress, 1955–1986.

WA   D. Martin *Luthers Werke*. Kritische Gesamtausgabe (Weimarer Ausgabe). 73 vols. Weimar, 1883–2009.

Documentos confesionales luteranos

CA   Confesión de Augsburgo
Ap   Apología de la Confesión de Augsburgo
LC   *El libro de Concordia*
CMa Catecismo Mayor
AEs Artículos de Esmalcalda
CMe Catecismo Menor

Para

Dr. Rod Rosenbladt

y

Dr. James A. Nestingen

Índice

Prólogo del Dr. Rod Rosenbladt

Hace años, ofrecí una serie de conferencias en la Catedral de Adviento (Birmingham, AL) sobre el tema de «padres». Soy uno de los pocos afortunados que han recibido un padre realmente extraordinario: un cirujano. Más tarde, tuve la bendición de formar parte de grupos de hombres liderados por uno de los principales psicólogos clínicos de nuestro tiempo: el Dr. Paul Fairweather. Paul era profesor de teología pastoral en Fuller Theological Seminary. Había hecho más trabajo teórico sobre el lugar de los padres y los hijos que cualquiera en su campo. Y lo que él nos legó a todos los hombres fue nada menos que un tesoro. Así que en mi primera conferencia dije que gran parte de lo que tenía que decir no provenía de la formación en el seminario sino más bien de él (gran parte de ello coincidía con mi propio padre y lo que él era en su esencia).

Por supuesto, el lugar clásico para semejante mensaje está en Lucas 15: la parábola del hijo pródigo. Como trasfondo, usé el libro *The Waiting Father* de Helmut Thielicke (aún no había descubierto la obra del P. Robert Capon sobre las parábolas). La explicación de Thielicke se enfoca en la sorprendente y benigna naturaleza del Padre, ¡*no* solo en que el hijo pródigo «se hace interiormente indigente» *ni* en el sutil peligro/aprieto del «hermano siempre obediente»! Él discierne acertadamente que la parábola se trata fundamentalmente de la asombrosa naturaleza del Padre. (Afortunadamente, Thielicke hace una digresión para responder la agotadora acusación de que la parábola carece de una mención explícita de Cristo y la cruz).

El interés que generó la serie de conferencias fue bastante significativo como para justificar un libro. Así que le encargué

a un antiguo asistente de enseñanza que lo llevara a cabo. Scott
Keith pasó de su licenciatura a su formación doctoral guiado por el
conocido Dr. James Nestingen, anteriormente del Luther Seminary,
St. Paul, Minnesota. Entre paréntesis, el ahora doctor Keith sin duda
ocupará el lugar del difunto Dr. Lowell Green como el académico
Melanchthon de Norteamérica. Scott era el candidato ideal para esta
labor porque (como leerás), su padre murió cuando Scott era muy
joven, y él siempre estaba «en búsqueda» de formas de llenar ese
enorme vacío. El estudiar bajo mi tutela, dice él, desempeñó cierto
rol en ello.

Hoy estamos dolorosamente conscientes de las obvias repercusiones
en los Estados Unidos de hoy de lo que causa en una sociedad la
ausencia de un padre. Y la labor de los teóricos lo respalda una y otra
vez. Puede que no estemos muy informados de «qué es un padre»
o «qué hace un padre», pero tenemos abundante evidencia de lo
que causa la *falta* de un padre. El Dr. Fairweather estaba decidido a
cambiar esa realidad a como diera lugar, comenzando con los jóvenes
de sus clases y en su práctica privada. Su formación para el doctorado
en psicología clínica fue similar a la formación de cientos de otros en
sus días: Dres. Kohut, Horney y otros. Pero en esa formación había
muy poco que tuviera relación con «padres» y «paternidad». Y de
alguna forma él sabía, por su propio padre (un pastor bautista en la
American Baptist Church) que gran parte de la profunda sanidad
de las personas tenía que ver con el no haber tenido los padres que
ellos —y todos nosotros— realmente necesitábamos, y todavía
necesitamos.

Scott les dirá en su introducción que él nunca pretendió escribir un
libro sobre cómo hacer algo. De esta clase hay más que suficientes,
especialmente en círculos cristianos. Y su calidad varía de «bien» a
realmente terribles. La razón es que muy pocos autores escriben desde
una infancia definida por un padre. El Dr. Fairweather describió la
voz del padre como «la oscura voz de la empatía». Si estaba en lo
correcto en ese respecto (y yo creo que lo *estaba*), nuestra tendencia
colectiva, nuestra «predeterminación» interior, es subestimar al
padre, «pasar por alto» lo que él es y ofrece porque ello nunca es
algo obvio. Todos vinculamos con demasiada facilidad al «padre»

con el poder. O con horas pasadas. O con partidos presenciados. O con cualquiera de otras cien cosas. Pero en ningún lugar de nuestros filtros colectivos hay algo como «la oscura voz de la empatía».

El libro del Dr. Keith es —y ciertamente se lo considerará— *sui generis* al compararlo con otros libros sobre la materia. Y esto será un reflejo de la labor única del Dr. Fairweather en el campo. Su obra fue, a su manera, *sui generis*; ¡tanto así que fue nominado tres veces para ser presidente de la Asociación Americana de Psiquiatría! El aspecto del libro del Dr. Keith (y la investigación del Dr. Fairweather) que sobresaldrá es que el padre está llamado, desde los primeros días del hijo, a actuar como una *analogía*. Quienes estén familiarizados con la obra de Tomás de Aquino reconocerán esto de inmediato como su justificación del lenguaje acerca de Dios (no es unívoco, ni equívoco, sino analógico). Lo que el Dr. Keith va a defender es la tesis de que los padres están en una posición única para «traspasarle» a un hijo lo que los cristianos llaman «evangelio», literalmente, el *favor dei propter Christum* (favor de Dios por causa de Cristo) o «gracia». Los padres son, de mil formas distintas, el *único* representante de algo distinto a la «ley», las «reglas», el «ganarse» (o no hacerlo), el «fracaso», la «culpa», el «juicio», la «vergüenza», y lo demás. Ese es el llamado primordial de un padre. De esto el secularismo de hoy no sabe absolutamente *nada*. Y el libro del Dr. Keith defenderá esta tesis por todos los medios posibles, ¡y la defenderá *bien*!

Dr. Rod Rosenbladt
Día de Ascensión, 2015
Concordia University Irvine

Prefacio y reconocimientos

Este libro está dedicado al Dr. William Rodney Rosenbladt (Rod o Papá Rod), el primero que me introdujo a las implicaciones de una apologética a partir de la teología de la paternidad, implicaciones capaces de romper patrones. Esto lo hizo por medio de conferencias, historias, presentaciones, y su mera presencia en mi vida. Él suele decir que su teología de la paternidad se puede rastrear hasta la obra clásica de Helmut Thielicke *The Waiting Father*, así que esta obra también se apoyará en aquella.

La vocación de Rod es la de profesor universitario en Concordia University Irvine, donde ha servido por más de veinticinco años. Allí ha enseñado filosofía, teología y apologética. A lo largo del tiempo, siempre ha reunido a su alrededor un grupo de jóvenes a quienes le ha parecido apropiado tomar bajo su tutela. Yo tuve la fortuna de ser uno de esos jóvenes.

Durante el tiempo que pasé «bajo su tutela», aprendí más que teología y filosofía formales: aprendí acerca de ser un hombre y ser un padre. Yo suponía que sabía lo que significaba ser hombre; después de todo, yo era un hombre. Yo suponía que sabía lo que significaba ser masculino; después de todo, siempre me había considerado un hombre y un líder masculino. Yo suponía que sabía lo que significaba ser esposo; después de todo, ya estaba casado. Yo suponía que sabía lo que significaba ser un buen padre; después de todo, ya tenía un hijo. Lo que llegué a descubrir fue que había mucho que aún necesitaba que Papá Rod me enseñara.

El aprender de Rod resultó ser uno de esos sucesos de la vida que me abrió los ojos a cosas que yo nunca había visto, y me ayudó a ver mi rol como hombre, esposo y padre bajo una luz totalmente distinta. Tuve una experiencia muy similar cuando, por recomendación de Rod, leí la obra de Robert Bly *Iron John*, y la de C. S. Lewis *Los cuatro amores*. Fue como si hubiera tropezado con un mundo totalmente desconocido lleno de hombres, gracia, y una clase de amor que, hasta ese momento, yo apenas si había experimentado.

Lo que Rod hizo por mí fueron tres cosas. Primero, me enseñó que el rol de un padre es primordialmente el de un perdonador por gracia y no un fuerte castigador. Segundo, me enseñó que para ser masculino no se necesitaba ser grande, fuerte y rudo. Más bien, como aprendí de Rod, ser masculino significaba ser serenamente poderoso, amable y benigno. Tercero, Rod me enseñó acerca de *philia*, el amor no sexualizado entre hombres que los vincula en una especie de amistad que produce lealtad, respeto y una profunda afinidad.

La deuda de este libro con Papá Rod es obvia y por ello aquí se le reconoce. Pero así como el cielo existía antes que jóvenes valientes aprendieran a volar en él, la idea de que un padre es un modelo de la gracia de Dios para sus hijos ha sido parte esencial de la teología de la Reforma durante siglos. Al estudiar este concepto con más detalle, no solo me asistieron otros autores, sino también varios parientes, amigos y colegas que han estado enseñando y viviendo estas verdades de una forma u otra durante años.

Para ese efecto, me parece importante mencionar solo algunos de tales hombres. El Dr. Jeff Mallinson no solo ha servido como mentor y buen amigo, sino que también ha sido el editor principal de estilo para esta obra. Es un hombre que vale la pena conocer, un buen amigo y un padre dedicado. El Rev. Paul Koch ha provisto gran parte del toque retórico de los primeros capítulos y ha donado muchas excelentes historias sobre ser papá para el proyecto. Paul también es un esposo dedicado y padre de cinco hijos. Kurt Winrich ha sido un extraordinario compañero de conversación, pues con frecuencia lo he obligado a iniciar pláticas conmigo acerca de paternidad. Aunque él a menudo no lo ve, es un maravilloso amigo, mentor y ejemplo de paternidad con gracia. Finalmente, estoy en deuda con cada persona que ha enviado una historia para este trabajo. Sin su ayuda este libro no habría sido posible.

En el intertanto, el lugar donde he trabajado y enseñado, Concordia University Irvine, me ha concedido la oportunidad de practicar lo que predico aquí con innumerables estudiantes. A través de mi trabajo en la universidad, espero haber sido capaz, siquiera en una pequeña medida, de ser para esos jóvenes adultos lo que Rod ha sido para mí. El Proyecto Legado 1517 me ha dado la oportunidad de llevar a cabo mayor investigación sobre este tema, y quienes están involucrados en 1517Legacy.com han sido de suma ayuda y aliento.

Finalmente, quisiera agradecer también a todos ustedes los que me conocen bien dentro de mi particular vocación de esposo y padre. A mi esposa, Joy, y mis ya casi grandes hijos —Caleb, Joshua, y Autumn— como también a mi nuera Erika: su lugar en mi vida me ha permitido ser aquello que siempre he querido ser: un padre. Espero haberlo hecho para la gloria de Dios, y pido también que él me perdone por las veces en que he fallado, que son muchas.

Dr. Scott L. Keith
Día del Padre, 2015
Concordia University Irvine

Prólogo a la segunda edición

Pues si ustedes, aun siendo malos, saben dar cosas bue-
nas a sus hijos, ¡cuánto más su Padre que está en el
cielo dará cosas buenas a los que le pidan!

—Mateo 7:11

¿Por qué una segunda edición tan pronto? Bueno, he ido de un lado a otro dando conferencias sobre *Ser papá* por casi dos años, y he aprendido algunas cosas.

Primero, he aprendido que muchos hombres tienden a recibir el mensaje de este libro como ley antes que como evangelio. Esa no era mi intención, aunque entiendo su percepción. No importa cuántas veces trate de redactar el mensaje de *Ser papá* con una orientación al evangelio, los hombres me siguen viendo como si yo les pidiera que hagan algo, lo cual es ley. No estoy seguro de que esto se pueda evitar. Simplemente demuestra que no podemos controlar la santa Palabra de Dios, por mucho que lo intentemos.

Trataré de decirlo una vez más, quizá más precisamente, en este prólogo y a lo largo de esta segunda edición. Creo que tú, lector, eres libre delante de Dios por causa de Cristo. Creo que, aunque todavía necesitas escuchar la ley, esta no tiene poder para condenarte. Eres libre en Cristo. Al ser libre, eres libre para servir a aquellos que Dios ha puesto en tu vida. Esta libertad es representada al máximo si vives tu vocación libremente. Vas a fallar; estás perdonado. Vas a tropezar; estás perdonado. Sentirás desesperanza; estás perdonado. Muy a menudo serás la voz de la ley cuando debes ser la voz de la gracia; estás perdonado. Estás perdonado, y eres libre. Vivir en tu libertad es, pienso yo, una categoría evangélica, aunque nuestro pecado la tiñe con la ley. No obstante, estás perdonado y eres libre en Cristo.

Segundo, creo que este libro se trata más sobre vocación de lo que percibí al principio. La vocación del padre es perdonar lo inexcusable; es decir, mostrar misericordia y gracia. Misericordia es no recibir lo que se merece. Gracia es recibir las cosas que no se merecen. La vocación del padre es ser el vocero de la gracia de Dios en el hogar. Cuando el padre llega y libera a los hijos de la tiranía de su cotidianeidad con mamá, también libera a mamá.

Por lo tanto, a fin de cuentas, todo este trabajo es un argumento para tomar en serio la vocación de padre y para considerarla una labor apologética. Mientras preparaba las charlas que he adaptado para apoyar este libro, descubrí una extensa cita de Gerhard Forde, la cual creo que me puede ayudar a ilustrar esa realidad.

> La gente que se queja de que Lutero no tiene una doctrina propiamente tal de las buenas obras y la santificación o la ética al parecer siempre olvidan esta comprensión del llamado del cristiano. Quizá sea porque es sumamente realista y poco romántico. Pero prácticamente todo lo que Lutero quiere decir acerca de la ética se remite a su doctrina de la vocación. Uno debe servir a Dios en su ocupación, en su vida diaria concreta y en sus deberes en el mundo. Cuando les digo a los estudiantes que esto significa en primer lugar que ellos deberían concentrarse en ser mejores estudiantes, a menudo se decepcionan un poco. Tenían cosas más románticas en mente. ¡No se les ocurre que su primer deber ético sea ser buenos estudiantes! Cualquiera que pudiera ser el llamado a una acción más extrema, se debe recordar que la idea de Lutero es que en primer lugar uno sirve a Dios atendiendo su creación. (Gerhard Forde, *A More Radical Gospel*).

Nuestro primer deber ético, nuestro llamado, ¡es ser buenos padres! En primer lugar, servimos a Dios atendiendo su creación: nuestra familia. Parafraseando a Forde, servimos a nuestros vecinos más cercanos, a nuestros hijos, y a nuestra familia a través de las acciones aparentemente triviales de la vida cotidiana. Las palabras de vida de Dios llegan a nuestra familia en los labios de otro: por la gracia de Dios en nuestros labios.

Finalmente, necesito enfatizar que en *Ser papá* no estoy promoviendo una paternidad sin reglas. Eso sería tonto. Los hijos necesitan normas, y los hijos necesitan leyes. Necesitan saber que existen límites y consecuencias que se impondrán, y se imponen, en su conducta. Este libro supone que tus hijos harán líos, que han enfrentado —o encontrarán— las consecuencias de su mala conducta, y que esos efectos son impartidos o naturalmente, o por tu mano, o por la mano de alguien más que tenga autoridad sobre ellos. Pero *Ser papá* fue escrito para hacer una simple pregunta: ¿ahora qué? Después que tus hijos han hecho un lío y han enfrentado la ley, ¿ahora qué? ¿Cuál es tu rol como padre? En *Ser papá* planteo que tu rol no es redoblar esa ley sino más bien involucrarte con perdón y actuar como vocero de la gracia de Dios en tu hogar. No anarquía, sino perdón.

He hecho algunos pequeños ajustes aquí y allá a lo largo de esta edición con la intención de enfatizar los tres puntos anteriores. Espero que esta adaptación te resulte útil, y gracias por leer Ser papá, la segunda edición.

CAPÍTULO 1

Introducción

Paternidad en el centro del universo

Una relación casi perfecta con su padre fue la raíz terrenal de toda su sabiduría. De su propio padre, dijo él, aprendió primero que la Paternidad debe estar en el centro del universo [hablando de George MacDonald].

—C. S. Lewis, *Phantastes*

La historia

Cuando los buenos padres fallecen, siempre es demasiado pronto. Yo creo que la paternidad efectivamente está en el centro del universo, y, no obstante, nunca conocí a mi propio padre. Él murió de una rara enfermedad a la sangre cuando yo tenía dos años, y no tengo recuerdos de él. No obstante, como todo niño, nací buscando la voz de mi padre, la voz de su obscura empatía, y todavía anhelo escuchar la voz de mi padre cada día[1]. Me criaron mi madre y mi abuela, con la ocasional intervención de mi abuelo emocionalmente distante. Como consecuencia, a menudo he sentido como si toda mi vida hubiera sido un intento por llenar el vacío que puede dejar en el corazón y la psique de un hombre la ausencia del padre. En un intento por escuchar la voz de mi padre, a través de los años he encontrado a muchos hombres que por un tiempo han llenado el vacío. Los sustitutos incluyeron a parientes, mentores, y amigos, pero ninguno ha logrado llenar el vacío por completo.

Este vacío también me condujo por un camino que no podría haber predicho, ni siquiera reconocido. Porque, hasta donde puedo recordar, solo he deseado hacer una cosa realmente bien: ser un padre. A la vez, me casé muy joven según los estándares actuales, y tuvimos hijos de inmediato. Antes de saber qué me había golpeado, me vi arrojado a lo que siempre había querido, y no obstante no sabía qué hacer. Eso fue en 1995, el mismo año en que comencé la culminación de mis estudios de pregrado en Concordia University Irvine. Fue allí que conocí a un hombre algo excéntrico, quien en muchos sentidos iba a cambiarme la vida. Era el Dr. Rod Rosenbladt; algunos lo llamamos «Papá Rod».

Entonces yo era alumno de teología en Concordia University, y mis siguientes tres años estuvieron llenos de clases impartidas por este peculiar profesor de teología. De sus palabras aprendí todo lo relacionado con religión, teología, filosofía, ética, e incluso política. Además, lo que advertí fue que, si ponía mucha atención, Rod también me estaba enseñando explícita e implícitamente acerca de paternidad y ser papá. Rod tiene facilidad para enseñar encubiertamente a sus alumnos acerca de la gracia y mostrar gracia. Por lo tanto, lo que aprendí de él acerca de ser papá fue tanto de sus acciones como de sus palabras.

Una de esas acciones ocurrió un caluroso día de verano en julio de 1997. Durante el año trabajé como profesor asistente (TA en inglés) de Rod, lo que nos proveyó algún ingreso complementario para comprar alimentos, pañales y cosas por el estilo. El no recibir el dinero de TA durante el verano significaba que para nosotros el verano en el sur de California no era ninguna diversión, solo caluroso y deprimente. Pero aquel día de julio, recibí una llamada de Rod para pedirme que viniera y trajera a mi esposa, Joy, y nuestros dos pequeños hijos para que pudieran ir a nadar. Cuando llegamos a su casa, cortésmente les señaló a Joy y a los chicos la piscina y les dijo que se divirtieran. Yo me quedé para hablar con Papá Rod. Bebimos café, hablamos de aquello en lo que ambos estábamos trabajando, y básicamente nos quedamos charlando alrededor de una hora. Cuando de alguna forma percibió que Joy y los niños ya volvían, subió sigilosamente al piso de arriba por algunos minutos. Cuando volvió, traía un sobre en las manos y me lo dio, simplemente diciendo: «Sé que los veranos son difíciles para ti». Ni siquiera miré dentro del sobre; mientras los ojos se me llenaban de lágrimas, no hice más que abrazarlo y darle las gracias. Poco después, Joy y los chicos volvieron a la casa, y todos nos despedimos y nos dirigimos al auto y volvimos a la universidad. Cuando llegamos a casa, miré el sobre y encontré cinco billetes nuevos de 100 dólares. Ese regalo y la bondad de Papá Rod nos cambiaron el mundo ese verano. Él entró cuando todo nos parecía perdido y, al menos por el momento, mejoró la situación.

Hay muchas otras historias que yo, y varias otras personas, podríamos contar sobre Rod que ilustrarían su generosidad. Más adelante en este libro contaré algunas. Pero el punto no es seguir describiendo específicamente la generosidad de Rod; el punto más bien es demostrar lo que enseña la sombra que proyecta Papá Rod. Lo que me enseñó fundamentalmente y lo que llegué a entender es que ser un buen papá significa ejemplificar a mis hijos la misma gracia y bondad que papá Rod me ha mostrado a mí en cada uno de sus pasos como profesor, mentor y amigo. Al escuchar atentamente las palabras de Rod y observar sus acciones silenciosas, aprendí —y hoy sigo aprendiendo— muchas cosas acerca de ser papá. Rod me enseñó que cuando las cosas son básicamente buenas entre un padre y sus hijos, casi todo lo demás en la vida de un hijo también sería básicamente bueno. Aprendí que cuando no hay una batalla que pelear entre un padre y sus hijos, los hijos reciben un regalo maravilloso y liberador. Los hijos de un buen padre reciben el regalo de la gracia, la paz y la libertad.

El problema

A pesar de que parece claro que, al igual que yo, todo niño siente la profunda necesidad de un padre, lamentablemente, según datos de la Oficina de Censo de Estados Unidos, el 43 por ciento de todos los niños de dicho país viven en un hogar donde no hay padre[2]. Las ramificaciones sociales de esta funesta realidad son alarmantes. Según el Departamento de Salud de Estados Unidos, el 63 por ciento de todos los suicidios juveniles ocurren en hogares sin padre[3]. La misma entidad informa que el 90 por ciento de todos los niños que se escapan viven en un hogar donde no hay padre. Además, el

Centro para el Control y la Prevención de la Enfermedad informó el 2012 que el 85 por ciento de los niños que manifiestan desórdenes de conducta provienen de hogares sin padre, veinte veces el promedio nacional[4]. Un impactante 80 por ciento de los violadores condenados provienen de hogares sin padre[5]. Y finalmente, los niños criados en hogares sin un padre presente, ya sea por haber nacido fuera del matrimonio o a consecuencia del divorcio, tienen más del doble de posibilidades de desertar de la escuela antes de terminarla[6].

Esta crisis se extiende incluso a la vida de la fe y la salud y bienestar de la iglesia. En 1994, los suizos llevaron a cabo un trascendental estudio que reveló la verdad acerca de la vida religiosa de los hijos. El estudio descubrió que es la práctica religiosa del padre de la familia la que, por sobre todo, determina la futura asistencia o ausencia de los hijos a la iglesia[7]. El estudio reveló que si ambos padres asisten regularmente a la iglesia, el 33 por ciento de sus hijos adultos también asistirán regularmente, lo cual no es de sorprender. Tampoco sorprende que si solo uno de los padres —la madre— asiste regularmente (y el padre no se presenta), meramente el 2 por ciento de los hijos adultos asistirá regularmente. El resultado inesperado fue que si solo el padre asiste (y la madre no), el 44 por ciento de los hijos adultos llegan a ser asistentes regulares[8].

En suma, si un padre no es un asistente regular a la iglesia, los hijos con toda probabilidad no asistirán a la iglesia cuando sean adultos, sin importar las prácticas religiosas de la madre. Si un padre practica su fe regularmente, independientemente de la práctica de la madre, el 60 al 75 por ciento de sus hijos practicarán su fe siendo adultos. Incluso la influencia y la práctica religiosa irregular de un padre causará que más de la mitad de sus hijos lleguen a la fe, permanezcan y la practiquen cuando sean adultos. En resumen, el padre importa muchísimo en lo que respecta a la fe de sus hijos. En efecto, se podría argumentar que nada importa más en el desarrollo de la fe de un niño que la imagen de la fe que ellos ven en su propio padre.

Descargo de responsabilidad

No es mi propósito abordar esto desde una perspectiva psicológica. No soy psicólogo clínico ni de ningún tipo, ni pretendo poseer ninguna pericia en ese campo. Soy esposo, padre, exdecano asociado, profesor universitario, teólogo, y estudiante de la Reforma interesado en la intersección entre la teología de la Reforma y la bondad apologética en el amor de un padre. Mi descargo de responsabilidad es que, como teólogo, defiero a los profesionales en el campo de la psicología y la sociología. Pero, al mismo tiempo, soy padre. Soy un padre que, en el transcurso de los últimos veintidós años, ha considerado estos campos en gran detalle desde una perspectiva teológica. Además, pienso que se necesita una respuesta al ataque de nuestra cultura a los hombres en general y a los padres en particular. Según la Oficina de Censo, veinticuatro millones de niños en Estados Unidos —uno de cada tres— viven en hogares de padre biológico ausente. Necesitamos que los hombres sean buenos padres, no solo donantes de esperma. Nuestra sociedad lo necesita, la iglesia lo necesita, y con toda certeza nuestros hijos lo necesitan.

Solución teológica

Creo que lo que se necesita es una solución teológica. La afirmación cristiana esencial es que Dios estaba reconciliando al mundo consigo mismo en Cristo[9]. Un padre cristiano se aproxima a esta aseveración como verdadera. Es decir, se aproxima al mensaje del evangelio como verdadero y poderoso. El evangelio es el mensaje de esperanza por causa de Cristo. El nuestro es el Dios que actúa por gracia hacia nosotros por causa de Cristo, aun cuando nosotros rechazamos abiertamente a aquel se digna a salvarnos. Es como también escribió Pablo: «Pero Dios demuestra su amor por nosotros en esto: en que cuando todavía éramos pecadores, Cristo murió por nosotros»[10]. Entender el evangelio es entender que la Palabra de Cristo tiene poder. Esta es la Palabra de libertad y una declaración de adopción. Es el poder de Dios para salvación para todos los que creen[11]. Trae fe y renovación. Cuando es proclamado, el evangelio tiene el poder que ninguna otra cosa en la tierra tiene; el evangelio literalmente nos trae a nosotros los pecadores muertos a la vida. Esta Palabra de salvación y vivificación siempre nos llega en boca de otro. Literalmente escuchamos y experimentamos el evangelio en las relaciones que tenemos unos con otros.

Ahora, bien, si esto es cierto, deberíamos esperar ver sombras de esta verdad en el ámbito terrenal que es nuestro mundo. Deberíamos esperar estas sombras en las personas más cercanas a nosotros y que más nos aman. Vivimos en un mundo y una cultura donde a menudo no reconocemos las sombras de la verdad de Dios a nuestro alrededor. Es más, cuando realmente las reconocemos, nos falta la capacidad para comprenderlas o explicarlas plenamente. Luchamos con una incapacidad para expresar la grandeza de Dios. El gran pensador cristiano Tomás de Aquino enseñaba que las sombras de la bondad de Dios están por todas partes. Es decir, vemos cosas que nos recuerdan o nos señalan a Dios y luego usamos analogía para explicarlas. En este sentido, los buenos padres son un reflejo de la gracia de Dios. Y aunque la bondad de un buen padre no es lo mismo que la bondad de Dios, en cierto sentido aquella es como esta. El amor de un padre no es lo mismo que el amor de Dios, pero sí refleja la verdad del amor de Dios. Dios nos muestra un destello de sí mismo cuando nos concede el regalo de un buen padre terrenal. Entonces nosotros señalamos a algo o alguien aquí en nuestra vida cotidiana, nuestro papá, y decimos que Dios es así.

Dios también ha prometido encontrarse con nosotros en su Palabra, en sus sacramentos, y en la comunión y en el consuelo y conversación mutuos de sus santos[12]. Este es el concepto de que recibimos perdón de aquellos que Dios ha llamado a nuestra vida. La imagen de un buen padre es la imagen de consuelo que él provee en el hogar para señalarles a sus hijos hacia Cristo. El buen padre es el penúltimo consuelo mutuo de los santos, tan destacado que Dios ha querido que ocurra en el escenario más íntimo, el hogar, desde el comienzo de las edades. Este libro no será completo en su tratamiento de posibles temas, detalles estadísticos, análisis psicológico o sociológico, ni siquiera en la teología bíblica. Este libro, si hace lo que pretendo, dibujará un retrato de un buen padre dado como un regalo de un buen Dios con el fin de traer a los hijos, traer a pequeños pecadores, a sí mismo. Por esto es de suma importancia que los padres sean los portadores de la Palabra de vida para sus hijos.

Esto es evangelio, no ley

El enfoque que tomaremos será de analogía. Usaré la parábola del hijo pródigo como punto de arranque. Como dijo una vez el teólogo luterano Helmut Thielicke, esta parábola nos muestra que el Padre es el «centro de todas las cosas»[13]. La belleza de esta parábola es que nos resulta muy fácil identificarnos con ella. Podemos vernos o como el odioso hermano menor o como el arrogante y mojigato hermano mayor. Además, todos deseamos tener, o ser, el padre que todo lo perdona frente al absoluto desprecio. Esta parábola proporciona una ilustración o relato ilustrado de cómo es el amor del Padre. Mi tarea será despertar en los hombres el sentimiento de que ellos son este mismo relato ilustrado, de una manera evidentemente más pequeña, para sus propios hijos.

No obstante, para hacerlo tendré que presentar una solución al «problema de paternidad» que se basa en el evangelio y no en la ley. En otras palabras, no tomaré el mismo enfoque trillado de siempre de decirte que debes «entrenar» correctamente a tus hijos. Antes bien, escucharás historias, principios sabios, e imágenes verbales del poder que siempre está presente en el perdón del evangelio, especialmente cuando llega en los labios de un padre.

La ley nunca producirá justicia ni conducirá a la salvación. La ley siempre acusa. Nuestro pecado es lo que nos hace creer que la solución a cada problema, o de cualquier problema, está en arrojarle un poquito más de ley. Lo que no advertimos es lo natural que es para nosotros la ley. Gustaf Wingren lo dijo acertadamente cuando afirmó: «El evangelio siempre irrumpe en un mundo que ya tiene ley, y para el cual la ley no es noticia, no es novedad»[14]. Lo que va contra la norma es el evangelio. El evangelio es la novedad. Es el evangelio el que no es solo «noticia», como dice Wingren, sino «buena noticia». Como formuló Martín Lutero con tanta elocuencia la paradoja del evangelio en su gran comentario a Gálatas: «El evangelio provee al mundo la salvación de Jesucristo, paz en la conciencia, y toda bendición. Solo por eso el mundo aborrece el evangelio»[15].

La parábola del hijo pródigo es todo lo potente que es porque es una palabra de perdón dirigida a un mundo que con razón espera ley. En el preciso momento cuando pensamos que lo que se necesita es condenación, entra el padre y solo extiende perdón. Esta es la imagen del padre que retrata Cristo, y esta es la sombra de la «paternidad» que promoverá este libro. Si los padres han de causar un impacto sustancial y potente en la vida de sus hijos, lo harán cumpliendo el rol que Dios dijo que cumplirían: como pequeños Cristos y perdonadores de sus propios hijos. Si en nuestra sociedad hay un «problema paterno», y pienso que lo hay, la solución es más evangelio, más perdón, más gracia paternal, no más reglas.

El propósito

El objetivo es darle al lector el regalo de una imagen de un buen padre. Al final se harán conexiones entre los buenos padres terrenales y la imagen de Dios como nuestro verdadero Padre. Este libro nunca será un manual de cómo hacer algo. Muchos detalles quedarán fuera. Abordo esta obra mediante el acotado lente de cómo los buenos papás que perdonan señalan a la verdad de un Dios que perdona. Aquí no habrá diez pasos para hijos mejor disciplinados. Como he dicho, creo que la ley nos es natural y necesitamos muy pocos consejos respecto a su implementación en el hogar. Si elegimos ser extremadamente permisivos, esa no es la ley sino más bien nuestro propio pecado. Si escogemos ser estrictamente legalistas en nuestra aproximación a la paternidad, eso es permitirle al carácter de la ley que gobierne sobre nuestra familia en lugar del evangelio. Pero si perdonamos los pecados, lanzamos un reflejo que señala a un Dios que perdona en Cristo. Es de esta forma que entendemos que la paternidad realmente debe estar en el centro del universo.

El don de la vocación

Pienso que, en todas mis reflexiones, de lo que me he dado cuenta es que el hogar es el lugar primordial donde uno se involucra, interactúa y comparte la vida con su familia. Toda esta obra es un argumento a favor de tomar en serio la vocación de padre y considerarla un proyecto apologético.

El teólogo luterano Gerhard Forde, un maestro de profesión y por experiencia, así como estudioso de la Reforma, tuvo algunas extraordinarias nociones acerca de Martín Lutero y sus ideas respecto a las buenas obras y la vocación. Él dijo:

> La gente que se queja de que Lutero no tiene una doctrina propiamente tal de las buenas obras y la santificación o la ética al parecer siempre olvidan esta comprensión del llamado del cristiano. Quizá sea porque es sumamente realista y poco romántico. Pero prácticamente todo lo que Lutero quiere decir acerca de la ética se remite a su doctrina de la vocación. Uno debe servir a Dios en su ocupación, en su vida diaria concreta y en sus deberes en el mundo. Cuando les digo a los estudiantes que esto significa en primer lugar que ellos deberían concentrarse en ser mejores estudiantes, a menudo se decepcionan un poco. Tenían cosas más románticas en mente. ¡No se les ocurre que su primer deber ético sea ser buenos estudiantes! Cualquiera que pudiera ser el llamado a una acción más extrema, se debe recordar que la idea de Lutero es que en primer lugar uno sirve a Dios atendiendo su creación. (Gerhard Forde, *A More Radical Gospel*).

Este libro argumenta que deberíamos tomar en serio la vocación de padre y considerarla como una tarea apologética. ¡Nuestro primer deber ético es ser buenos padres! En primer lugar, servimos a Dios atendiendo su creación, nuestra familia. Ayudamos a nuestros prójimos más cercanos, a nuestras familias, mediante las acciones aparentemente triviales de la vida cotidiana. Las palabras de vida de Dios llegan a nuestra familia en los labios de otro: por la gracia de Dios, en nuestros labios.

Dos hijos perdidos y hallados y el papá en medio

Si nos permitimos ser encendidos por el amor del corazón del Padre y luego este mismo día miramos alrededor en busca de aquellos a quienes podemos aplicar este amor... solo si entramos en este circuito vivo de amor divino y le permitimos entibiarnos y fluir a través de nosotros de pronto se nos hará claro lo que significa y la gran alegría que causa el conocer el corazón paternal en el cielo y el bendito corazón fraterno de nuestro Señor y Salvador.

—Helmut Thielicke, *The Waiting Father*

Un relato más antiguo

Los narradores de hoy —los forjadores de nuestra narrativa compartida— nos han forjado un relato preocupante. Desde las noticias de la noche, al cautivante humor de nuestras comedias, a la emoción de los éxitos de taquilla de Hollywood, escuchamos una historia que no solo promueve la locura sino que la celebra, y esta locura puede ser infecciosa. Esto queda más claro cada día cuando vemos a los padres y el concepto de padre denigrado en los medios populares. La demencia radica en presentar a todo el que mira y escucha la idea de que no necesitamos un padre, cuando, de hecho, lo necesitamos como nuestro próximo aliento. Este retrato negativo del padre no solo es pecado; es una forma de locura tan extendida en nuestra cultura que ha alcanzado alturas aterradoras. Claramente, sabemos profunda y personalmente que no todos tuvimos un buen padre, o siquiera algún padre, si vamos al caso. Pero estas desafortunadas circunstancias de la vida no deberían implicar que no necesitamos un padre. Necesitábamos un padre desde el comienzo. De hecho, nacimos anhelando el sonido de la voz de un padre que nos guiara. Nacimos necesitando escuchar y sentir su amor y su gracia[1].

Pero hay una historia mucho más antigua que estos cuentos modernos, una historia que ha funcionado como un escape y barrera de semejante demencia, una historia que pinta una imagen inmensamente distinta a la del padre incompetente que provee poco más que un apoyo financiero y momentos cómicos. Es una historia que ha sido traspasada de generación en generación y quizá nunca ha sido tan necesaria como lo es hoy. Es un relato que fue escuchado por primera vez de la boca de Jesucristo. Cristo fue el narrador por excelencia. Él contó historias durante todo su ministerio de tres años para profundizar el significado de sus enseñanzas, a veces para confundir a sus oyentes, y a menudo como metáforas con la intención de crear una imagen del reino de Dios.

Como cristianos, creemos que el evangelio es verdadero y que tenemos un Padre que envió a su propio Hijo para que nosotros pudiéramos ser sus hijos; este marco necesariamente afecta tanto nuestra visión de la paternidad humana como nuestra perspectiva de la paternidad de Dios. Esta imaginería bíblica comunica el retrato de un padre que no actúa según los planes de pago. Él da gratuitamente. Asimismo, los padres humanos tienen la vocación única de ejemplificar el amor del Padre celestial en sus propios hogares. Están llamados a dar gratuitamente sin esperar nada a cambio, aun cuando sean la parte ofendida. A través de las páginas del Nuevo Testamento, encontramos unas cuarenta y seis historias de paternidad contadas por Cristo, pero hoy una sobresale especialmente. Es la historia de un padre y su perdón no merecido a sus hijos[2], relato que por mucho tiempo ha sido subestimado. Es la imagen que da Cristo de la relación idealizada entre padre e hijo. Este es el modelo que usaremos para desarrollar nuestro relato sobre ser papá. Nuestro corazón se enciende al escuchar la historia del amor del padre.

Parábola del hijo pródigo

Lucas 15:11-32

Un hombre tenía dos hijos —continuó Jesús—. El menor de ellos le dijo a su padre: «Papá, dame lo que me toca de la herencia». Así que el padre repartió sus bienes entre los dos. Poco después el hijo menor juntó todo lo que tenía y se fue a un país lejano; allí vivió desenfrenadamente y derrochó su herencia.

Cuando ya lo había gastado todo, sobrevino una gran escasez en la región, y él comenzó a pasar necesidad. Así que fue y consiguió empleo con un ciudadano de aquel país, quien lo mandó a sus campos a cuidar cerdos. Tanta hambre tenía que hubiera querido llenarse el estómago con la comida que daban a los cerdos, pero aun así nadie le daba nada. Por fin recapacitó y se dijo: «¡Cuántos jornaleros de mi padre tienen comida de sobra, y yo aquí me muero de hambre! Tengo que volver a mi padre y decirle: Papá, he pecado contra el cielo y contra ti. Ya no merezco que se me llame tu hijo; trátame como si fuera uno de tus jornaleros». Así que emprendió el viaje y se fue a su padre.

Todavía estaba lejos cuando su padre lo vio y se compadeció de él; salió corriendo a su encuentro, lo abrazó y lo besó. El joven le dijo: «Papá, he pecado contra el cielo y contra ti. Ya no merezco que se me llame tu hijo». Pero el padre ordenó a sus siervos: «¡Pronto! Traigan la mejor ropa para vestirlo. Pónganle también un anillo en el dedo y sandalias en los pies. Traigan el ternero más gordo y mátenlo para celebrar un banquete. Porque este hijo mío estaba muerto, pero ahora ha vuelto a la vida; se había perdido, pero ya lo hemos encontrado». Así que empezaron a hacer fiesta.

Mientras tanto, el hijo mayor estaba en el campo. Al volver, cuando se acercó a la casa, oyó la música del baile. Entonces llamó a uno de los siervos y le preguntó qué pasaba. «Ha llegado tu hermano —le respondió—, y tu papá ha matado el ternero más gordo porque ha recobrado a su hijo sano y salvo». Indignado, el hermano mayor se negó a entrar. Así que su padre salió a suplicarle que lo hiciera. Pero él le contestó: «¡Fíjate cuántos años te he servido sin desobedecer jamás tus órdenes, y ni un cabrito me has dado para celebrar una fiesta con mis amigos! ¡Pero ahora llega ese hijo tuyo, que ha despilfarrado tu fortuna con prostitutas, y tú mandas matar en su honor el ternero más gordo!».

«Hijo mío —le dijo su padre—, tú siempre estás conmigo, y todo lo que tengo es tuyo. Pero teníamos que hacer fiesta y alegrarnos, porque este hermano tuyo estaba muerto, pero ahora ha vuelto a la vida; se había perdido, pero ya lo hemos encontrado».

La partida

Se nos relata que había una vez un padre que tenía dos hijos. Estos hijos eran totalmente diferentes: el mayor era obediente y orgulloso, y el menor temerario e ingrato. El desarrollo de su historia ilustra nuestras propias luchas y tensiones, y es fácil vernos reflejados en estos hijos. Ahora bien, su historia sin duda es una de traición, deslealtad, y resentimiento, pero en medio de todo, de manera sorprendente y alentadora, se halla un papá, un papá que demostró un amor potente e inquebrantable.

La historia no comienza con una pacífica escena de una pintura de Monet, sino con los gritos del hijo menor haciendo exigencias a su padre. Este hijo ingrato le exige a su padre su parte de la herencia para poder seguir adelante con su vida a su manera. Hoy esto puede parecernos extraño, pues sabemos que la herencia normalmente llega tras la muerte del benefactor, pero este hijo menor no quería esperar. Esto equivalía a gritar: «Ojalá estuvieras muerto. Lo único de valor que veo en ti es tu dinero, ¡así que dámelo!». Si eres padre, probablemente hayas sentido el desdén de tus hijos, y sabes cuánto duele. La falta de respeto de los hijos hacia el padre es dolorosa. Este acto de parte del hijo menor es el colmo de insolencia hacia su padre. El hijo le está pidiendo literalmente a su padre que se suicide[3]. Además, en la cultura de su padre, el hijo menor no tenía derecho a herencia alguna. Todo lo que pertenecía al padre pasaría al hijo mayor a la muerte del padre. El hijo menor no tenía derecho a pedir una herencia ni antes ni después de la muerte del padre.

Sin embargo, por alguna razón que no conocemos, el padre accede a las impetuosas demandas del hijo y divide lo que tiene y le da la mitad de todo lo que es y todo lo que posee al hijo menor. Este acto seguramente situó al padre al margen de su cultura y lo convirtió en un personaje vergonzoso para sus vecinos y amigos. El que en otro tiempo fuera un hombre orgulloso, fuerte y masculino, ahora es considerado un extraño, alguien que permitiría que un hijo impetuoso destruyera a su familia y su reputación. Luego el hijo duplica su falta de respeto hacia el padre y deja a la familia, partiendo de la casa de su padre en dirección a un país lejano. Su ruptura es definitiva, abandonando la seguridad y la identidad que hallaba en el hogar de su padre.

Este hijo lo pasa fantástico durante algún tiempo, pero agotó todo el regalo de su padre en un instante, consumiendo su herencia en un inútil desenfreno. Pero se nos cuenta que en este país lejano una hambruna azotó la tierra, y el hijo perdido acaba en un estado de profunda necesidad. No tiene hogar y se convierte en vagabundo en una tierra extraña. Tiene hambre y desea alimentarse. Este hijo rebelde no tiene ni la motivación ni las posesiones terrenales para seguir adelante; su vanidad se ha ido y él ha quedado vacío. En su grave aprieto, ya no queda consuelo para su alma ni bálsamo sanador para su aflicción. He visto este tipo de desesperanza en los ojos de muchos jóvenes, y esto suele conducir a una profunda desesperación y a veces incluso a la autodestrucción. Según el relato, este es precisamente el precipicio sobre el cual se balancea este hijo menor.

Al darse cuenta de que está en una profunda necesidad de auxilio, el hijo menor se arrima a un amable extraño que resulta ser un criador de cerdos. En las tradiciones de la casa de su padre, cuidar cerdos y trabajar con puercos impuros es impensable y representa una gran desesperación. Es una absoluta vergüenza, así como el derrumbe definitivo del orgullo del hijo menor. Con todo su orgullo acabado y su vanidad robada por su vida rebelde, a este joven hijo no le queda nada en que apoyarse, solo culpa, vergüenza y desesperación. Pero por si eso no fuera suficiente, queda un acto más de degradación: el hijo menor tiene tanta hambre que se ve tentado a comer de la basura con la que alimentan los cerdos. En otro tiempo fue el hijo de un padre poderoso, acaudalado y benigno; ahora no es más que un huérfano y sirviente apto únicamente para comer con los puercos.

Obviamente este hijo no está actuando como el hijo de un padre benigno y amoroso; más bien está actuando como si no fuera hijo en absoluto. No está en sus cabales. Está loco. Negar a su padre es un acto de locura. La locura se suele diagnosticar cuando las personas perciben lo irreal como real o la realidad como una farsa o cuando no perciben la realidad en absoluto. Esto no representa la totalidad de la doctrina del pecado, pero la rebelión del hijo nos recuerda las palabras del apóstol Pablo: «Entonces Dios los abandonó para que hicieran todas las cosas vergonzosas que deseaban en su corazón. Como resultado, usaron sus cuerpos para hacerse cosas viles y degradantes entre sí. Cambiaron la verdad acerca de Dios por una mentira»[4]. La verdad se percibe como mentira, y la mentira se percibe como si fuera verdad. La mentira se había vuelto verdad para el hijo menor, y de pronto, en un momento de claridad, se dio cuenta de la verdad.

El regreso

Finalmente, este hijo quebrantado afronta la realidad y se da cuenta de que como un mero siervo, como esclavo en la casa del hombre que deseaba ver muerto, tendría más alimento del que podría comer. El hijo se da cuenta de que su única opción en la vida es regresar a su padre, confesar su pecado, y suplicar siquiera un mero reflejo de la misericordia del padre. Aparentemente aún le queda un recuerdo de la misericordia del padre, un conocimiento que estuvo en el interior del hijo menor todo el tiempo, pero estaba nublado por su ambición, envidia, lujuria, vergüenza, vanidad, y odio. El hijo se da cuenta de que su única esperanza es rendir todas sus pretensiones de justicia ante su padre.

El hijo perdido sabe que no tiene esperanza de ser recibido por el padre porque no hay nada bueno en él y nunca ha habido. Ha tocado fondo y está dispuesto aun a renunciar a su derecho filial ante el padre, pero cuando regresa, algo en su interior lo invita, de modo que todavía lo llama «padre». El joven hijo dispone su mente para atreverse a pedir ser recibido de nuevo y puesto en el lugar más bajo de la casa de su padre: como esclavo. ¿Cómo podía pensar que su padre lo recibiría de nuevo después de todos los crímenes filiales que había cometido contra su padre? De alguna forma él recuerda la benignidad de su padre. Decide intentar hacer un trato con su padre. De lo profundo de su interior brotan bullentes recuerdos de la bondad de su padre, incluso hacia los sirvientes y esclavos. Todavía tiene cierta confianza de que, aun ante su enorme pecado, su padre buscará en su interior y hallará gracia. Su padre hará lo que hacen los padres: hacer posible lo imposible para él.

Así que el hijo se dispone a regresar. Pero lo que él no sabe es que su padre ha estado anhelando su regreso todo el tiempo, sin perder jamás la esperanza de que el hijo podría volver. El padre se asoma sobre una gran terraza con una clara vista del sendero que sube hasta la casa, oteando de continuo la llegada de su amado hijo. Él no espera el regreso de un esclavo o sirviente; él desea el retorno de su hijo. Y entonces avista aquello que su afligido corazón anhela ver; el padre ve a su hijo a lo lejos. Su corazón se inflama de compasión hacia su hijo y de alegría por su improbable retorno. El padre salta desde su balcón en un frenesí de impetuosa energía y desciende corriendo como un niño a abrazar a su hijo, y casi lo arrolla por abrazarlo. El padre literalmente cae sobre el cuello de su hijo y cubre su rostro de besos. El hijo es perdonado, liberado, indultado, absuelto de culpa, y aceptado una vez más en la familia, y su vergüenza ha sido quitada antes que siquiera emita una palabra. Su débil, patética, desorientada e inútil confesión, que había pasado tanto tiempo ensayando, ni siquiera es necesaria o requerida. Su trato no es necesario; porque los muertos no necesitan confesar, solo necesitan ser devueltos a la vida. Es como observa el teólogo episcopal Padre Robert Capon: «La confesión no es una transacción, ni una negociación con el fin de asegurar el perdón; es el resuello posterior al último de un cadáver que finalmente es capaz de admitir que está muerto y aceptar la resurrección»[5].

Culpa quitada, familia reclamada

Ver la alegría del padre causa aun más culpa en el hijo. Es obvio que el hijo no necesita confesar; el padre le permite comenzar su confesión de todas formas. Así que el hijo dice: «Papá, he pecado contra el cielo y contra ti. Ya no merezco que se me llame tu hijo»[6]. De inmediato, antes de poder siquiera terminar su *mea culpa*, el padre lo interrumpe. Aquí la historia se hace más lenta por un momento con el fin de presentar una de las imágenes más benignas, amorosas y tiernas que se haya retratado en alguna historia oída. El padre le ahorra al hijo, el mayor de los pecadores, la indignidad de su total confesión. En su gracia, el padre no quiere saber nada de sus palabras innecesarias. El padre quiere a su hijo de vuelta ahora, no hay tiempo que perder. La justificación del pecador está cerca. El perdón y la adopción del hijo están contenidos en tres cosas que expresa el padre: «¡Pronto! Traigan la mejor ropa para vestirlo. Pónganle también un anillo en el dedo y sandalias en los pies. Traigan el ternero más gordo y mátenlo para celebrar un banquete. Porque este hijo mío estaba muerto, pero ahora ha vuelto a la vida; se había perdido, pero ya lo hemos encontrado»[7]. Y celebran el alegre retorno del hijo.

Merece la pena mirar de más cerca estas acciones de aceptación y adopción. Primero, el hijo perdido es cubierto rápidamente con las vestiduras de la justicia del padre, vestido con ropas de salvación. Es fácil ver la imaginería de Isaías: «Me deleito mucho en el Señor; me regocijo en mi Dios. Porque él me vistió con ropas de salvación y me cubrió con el manto de la justicia. Soy semejante a un novio que luce su diadema, o una novia adornada con sus joyas»[8]. La ropa que se le pone al hijo representa su total y absoluto perdón. Ahora está tan cubierto por el padre que un transeúnte distraído podría confundirlos. Él no trae nada; no necesita traerle nada al padre, ni siquiera su confesión. Literalmente está cubierto por el perdón del padre.

El anillo de sello que indica filiación se pone en el dedo del hijo, lo que le da autoridad para comprar y vender a nombre del padre. Ponerle el anillo en el dedo es el máximo acto y señal de la confianza que el padre le devuelve a su hijo perdido. El anillo de sello en nuestros días se podría llamar anillo de firma. Es el anillo usado para hacer una marca sobre la cera de sellar que literalmente «sellaría» un contrato. Con este anillo, el hijo rebelde y fornicario podría una vez más vender las posesiones de su padre y despilfarrar sus riquezas con prostitutas. Él no se ganó esta confianza; no podía ganársela, pues él fue quien la rompió originalmente. No obstante, en su amor y su gracia, el padre insiste en que el hijo la posea, a pesar de su falta de confiabilidad. Se le da confianza a quien no es confiable, así como a nosotros que no podemos creer se nos da nuestra fe.

El padre exige que sus siervos pongan calzado en los pies de su hijo. El calzado le indicaría al mundo exterior, y a quienes estaban en la casa del padre, que el hijo perdido que ha regresado es un verdadero hijo y no un esclavo. Finalmente, el padre exige que se mate el ternero mejor y más gordo y lo cocinen para poder hacer fiesta. En la fiesta hay música, baile y gran alegría. La sorprendente razón de este jolgorio es que un hijo muerto ha vuelto a la vida. ¡Alegrémonos todos! Cuando una persona muerta vuelve a la vida, obviamente se requiere una fiesta de este nivel, algo que nunca se había visto.

Verde de envidia

Pero aquí no termina la historia. Recuerda que es la historia de un hombre que tenía dos hijos. Hay otro hijo, el mayor, y él también está perdido; simplemente está perdido a toda vista. Pero el hijo mayor no está perdido en pecados evidentes; está perdido en mojigatería y superioridad moral. Está ocupado en su trabajo —el moralista siempre es un gran trabajador—, tan ocupado que al principio ni siquiera advierte el regreso de su hermano. Al final escucha el ruido de la fiesta. Ha estado trabajando arduamente en el campo como hacía antes que su hermano partiera y durante su larga ausencia. ¿Será posible que este día, sabiendo que su hermano ha vuelto, trabajó un poquito más de lo normal para que el punto quede claro? Finalmente se dirige a la casa. Al acercarse a la casa después de un largo día en el trabajo, escucha la música y el baile, y le pregunta a un muchacho qué sucede. El muchacho parece entusiasta por contarle al hermano mayor la buena noticia de que su padre está haciendo una fiesta fenomenal porque su hermano perdido ha regresado. Los niños siempre están rebosantes de alegría al compartir una buena noticia.

Al instante, el hermano mayor se consume de enojo y justa indignación. Está tan enojado que no es capaz de unirse a su padre y rehúsa entrar en la casa. De pronto se le acerca el padre (alguien debió correr adentro a delatar al hermano mayor, tal vez el muchacho; a los niños también les encanta delatar), y le ruega al hijo mayor que entre y se una a la fiesta. Este hijo mayor obviamente merece que lo reprendan por su arrogancia y desafío al padre. Sin embargo, el padre, como sabe hacer, muestra su gracia e insta al hijo a que se una a su felicidad.

Aquí vemos ahora la ceguera, la perversidad, el egoísmo y la vanidad del hijo mayor, quien todo este tiempo ha estado determinado a ser visto como el «hijo bueno». Dominado por el orgullo, dispara tiros mortales a su padre con ambos cañones. «¡Fíjate cuántos años te he servido sin desobedecer jamás tus órdenes, y ni un cabrito me has dado para celebrar una fiesta con mis amigos!»[9]. Finalmente, el hijo mayor dispara el último tiro mortal a su padre. Él explica el verdadero error de su padre: nunca haberse dado cuenta de cuánto mejor era él que su hermano menor. «¡Pero ahora llega ese hijo tuyo, que ha despilfarrado tu fortuna con prostitutas, y tú mandas matar en su honor el ternero más gordo!»[10]. Él culpa a su padre de toda su desgracia. Culpa a su padre de tratar a un rebelde hijo muerto mejor que a aquel que ha estado frente a él todo el tiempo.

En este punto, parece seguro que finalmente veremos acabarse la gracia y la paciencia del padre con sus hijos. Después de todo, ¿no estaría justificado si se enfureciera con su hijo mayor y desatara sobre él toda su frustración reprimida? En ese momento y lugar, el padre debería haber repudiado las malvadas palabras de su hijo y su malvado corazón, y haber usado su derecho como padre a revocar la herencia de su hijo. Sin embargo, lo que hace más bien es aplicar la ley suficiente, seguida de un recordatorio de que esto se trata de la buena noticia (evangelio) de redención y resurrección. El hijo no puede aceptar el perdón del padre porque cree que su arduo trabajo lo mantiene vivo. Recuerda que solo los muertos pueden ser devueltos a la vida. Así que el padre primero debe dar muerte a su moralismo y lealtad a una falsa ley. Con firmeza y seguridad le dice: «Hijo mío, tú siempre estás conmigo, y todo lo que tengo es tuyo. Pero teníamos que hacer fiesta y alegrarnos, porque este hermano tuyo estaba muerto, pero ahora ha vuelto a la vida; se había perdido, pero ya lo hemos encontrado». El padre pregunta por qué su hijo mayor no puede entender esto. Él le dice a su hijo: «Tú eres el dueño de esta casa». El padre quiere que su hijo entre, disfrute la fiesta, y muera a sus inútiles reglas acerca de cómo se deberían disfrutar todas estas cosas[11]. Es como si le dijera a su hijo: «Así que hazte a ti mismo y a todos los demás un favor: cáete muerto. Cállate, olvida tu estúpida vida, entra y sírvete un trago»[12]. Su paternidad se revela en su disposición a libertar al hijo impetuoso para que también muera. La gracia, el perdón y el poder de resurrección del padre solo pueden manifestarse en la muerte del hijo. El padre como modelo de la gracia solo funciona porque él conoce la debilidad de sus hijos. El padre no es permisivo; ¡él perdona, salva y liberta!

Perdido y hallado

Por supuesto, esta historia clásica es más conocida como la parábola del hijo pródigo, aunque quizá mejor podríamos llamarla «Los dos hijos perdidos y hallados y el papá en medio». Cuando Jesús cuenta esta historia, nos hace darnos cuenta de que somos tanto el hijo pródigo como el hijo moralista, necesitados de un padre sumamente amoroso y benigno. En las acciones de los hijos vemos que nos acercamos a Dios, nuestro Padre, sin traer ningún mérito. De alguna forma sabemos que aun frente a nuestro gran pecado él hará posible lo imposible por nosotros y nos mostrará gracia. Los padres, incluido el padre de este relato, son sombras de esa realidad innata que reside en nuestro interior. La imagen del padre bueno y compasivo reside en todos nosotros, y esta historia demuestra que es una imagen precisa.

Algunos teólogos han señalado que en esta historia no hay expiación, no hay sacrificio; es decir, no hay sacrificio de Cristo que pagar por el pecado del hijo menor o el mayor. Algunos preguntarán, ¿dónde está Cristo en esta historia? Cristo está en la fiesta y en la muerte del ternero engordado. El ternero muerto para la celebración es de hecho la figura de Cristo en la parábola. Una vez más, Robert Capon es útil en este punto, cuando nos pide que consideremos qué hace realmente un «ternero engordado». Capon dice: «Está sin hacer nada en su casilla con un solo propósito en la vida: caer muerto en cualquier instante a fin de que la gente pueda tener una fiesta. Si eso no suena como un cordero inmolado desde la fundación del mundo —quien muere en Jesús y en todas nuestras muertes y que finalmente llega a la Cena del Cordero como el punto fuerte de su propia boda— no sé qué lo hace. El ternero engordado proclama que la fiesta es aquello de lo que se trata realmente la casa del padre»[13].

Necesitamos recordar que en primer lugar es Jesús quien relata la historia. Este es el mismo Jesús que dice de sí mismo: «Yo soy el camino, la verdad y la vida. Nadie llega al Padre sino por mí»[14], y: «El Padre y yo somos uno»[15]. Jesús claramente es aquel que nos concede acceso al Padre. Así que no es cualquiera quien nos cuenta esta historia; es Jesucristo mismo, quien es nuestra expiación. Jesús y el Padre son uno; él es en el Padre y el Padre es en él. Él no está imaginando un cuadro de un supuesto cielo que está abierto a pródigos como tú y yo; en él, por causa de él, su hogar efectivamente está abierto para nosotros. El narrador nos cuenta una historia que ocurrió en su propia casa, una casa a la que obtenemos acceso por causa de su vida, muerte y resurrección. No deberíamos olvidarlo cuando leemos esta parábola.

Esta parábola puede causar un sorprendente y milagroso efecto en aquellos que están perdidos en la incredulidad. Esta parábola es una historia, y, como todas las buenas historias, tienden a causarnos simpatía en un nivel que ni siquiera podemos describir o comprender. Muchos de los que leen esta historia han tenido padres geniales, algunos han tenido malos padres, y otros no han tenido un padre. No obstante, esta historia sigue siendo una de las máximas analogías del amor y el cuidado que se haya presentado. La naturaleza milagrosa de este relato se puede ver con suma claridad cuando se les cuenta a personas que no tienen ningún conocimiento de la Biblia. ¿Por qué? Esta es una potente historia porque toca una necesidad que radica en lo profundo de todos nosotros: amor paternal incondicional.

El amor de un padre es magia profunda que tanto lectores cristianos como no cristianos pueden sentir. La gracia de un padre terrenal es una mera sombra o una imagen nebulosa de la gracia de nuestro Padre celestial. Esta historia se siente verdadera porque es verdadera. Este relato le cuenta a todo el mundo que el amor del padre por sus hijos, por todos nosotros, existe a pesar de que él está plenamente consciente de todo lo que hemos hecho. Esta no es la historia de un abuelo consentidor que ni siquiera conoce los detalles de la situación y simplemente se involucra con una sonrisa y dice: «Estoy seguro de que al final todo saldrá bien». Sabemos que, sin la intervención del padre para solucionarlo, al final no va a salir bien. Esta es la historia de un padre y sus hijos. El padre conoce tanto nuestra codicia como nuestro libertinaje. El padre conoce nuestro orgullo y mojigatería. El padre conoce nuestra profunda desesperación, nuestra desconfianza hacia él, y nuestra desesperanza sin él. No obstante, el padre nos ama y nos muestra compasión, y en esta historia, Cristo nos cuenta eso precisamente.

Nuestra historia

Esta parábola representa nuestra historia, nuestro cuento de hadas personal, y contrasta marcadamente con la historia que se cuenta en nuestro consumo diario de noticias y entretenimiento. El Padre nos ha mostrado amor y afecto puros, y nosotros lo hemos negado rotundamente, lo hemos abandonado, y hemos deseado su muerte. Esta es la verdadera situación de todos nosotros. Piensa en Romanos: «Porque así como por la desobediencia de uno solo muchos fueron constituidos pecadores»[16]. Nosotros somos los pecadores desobedientes, y, en consecuencia, merecemos muerte y condenación. Sin su salvación inmerecida, nuestro mundo no tiene esperanza alguna. No obstante, el Padre ofrece vida por medio de su Hijo. El caballero blanco de una tierra lejana llega cabalgando al rescate. Nuestro conocimiento innato de que somos tanto el hijo pródigo como el mayor, conectados con esta historia de la amorosa reacción de un padre, nos une a todos de un modo muy potente al verdadero relato de Dios nuestro Padre.

En este libro, quiero hacerte un encantamiento. Tú leerás parte de la Escritura, escucharás historias de padres e hijos, y puede que incluso adquieras cierta sabiduría. Pero, sobre todo, lo que espero lograr con este libro es ayudarte a experimentar parte de la magia buena que es el amor de un padre y lo que este hace por todos nosotros. Esto lo hago con el deseo de que puedas aprender a compartir el amor de un padre con tus hijos y quizá incluso con algunos otros que no son de tu propia sangre. Recuerda, nuestra historia es el relato de dos hijos perdidos y hallados y el papá que ha estado en medio todo el tiempo. Nuestro relato es el relato del Padre que nos ama y envió a su Hijo, para que por su muerte y resurrección pudiéramos ser uno que «estuvo muerto, y está vivo» a fin de que pudiéramos ser reclamados como sus propios hijos. Nuestro llamado y vocación es compartir nuestra historia con otros, comenzando por ser un papá para nuestros propios hijos.

CAPÍTULO 3

El arte perdido de la masculinidad:

La necesidad de padres masculinos

David ya estaba próximo a morir, así que le dio estas instrucciones a su hijo Salomón: «Según el destino que a todos nos espera, pronto partiré de este mundo. ¡Cobra ánimo y pórtate como hombre!».

—1 Reyes 2:2

El corazón de un rey

Algunos hombres pueden transformar una habitación simplemente con cruzar la puerta. Estos hombres llevan algo indescriptible, pero discernible. La verdad es que, en nuestro mundo, no quedan muchos hombres de este tipo. ¿Alguna vez has conocido a un hombre que tuviera esta cualidad? Si es así, lo recordarás. ¿Qué es lo que tiene este tipo de hombre que puede causar tal efecto con solo entrar en una habitación? La respuesta bien puede ser algo que ya sabemos pero tememos elogiar en público. En lugar de ello, declinamos cortésmente responder, pero de todos modos sabemos la respuesta: es la masculinidad. En este capítulo, voy a definir la masculinidad como una serena confianza y fortaleza de carácter de un hombre, lo cual se expresa en la gracia. A pesar de lo que nos diría nuestro actual contexto cultural, la masculinidad es una cualidad loable. Por supuesto, no la conoceríamos mirando televisión, yendo al cine, o participando en la cultura contemporánea o los medios modernos. Pareciera que, en lugar de ser retratado como masculino, casi cada personaje varón retratado en los medios modernos es incapaz, estúpido, inepto, o irrelevante.

Al observar nuestra situación, pienso que la mayoría de los hombres viven en un mundo de desesperación. Los hombres están desesperados por escuchar que está bien ser un hombre. La desesperación conduce al hombre moderno por oscuros senderos. Pero la vida de un hombre no tiene que ser así. La masculinidad es un buen don dado por Dios a los hombres con un propósito. Los hombres realmente masculinos son la encarnación de la poderosa gracia y la libertad frente a un mundo atado por la ley. Recuerdo que mi mentor, el Dr. Rod Rosembladt, dijo una vez que un hombre masculino «es una imagen nebulosa o desenfocada de cómo es Dios». Un hombre masculino es esencialmente gracia y libertad para aquellos a quienes encuentra. La parábola del hijo pródigo es un buen ejemplo. Cuando un joven escucha la historia del hijo pródigo, ¿con qué personaje se identifica? No quiere ser el petulante hijo menor. No quiere ser el quejumbroso hermano mayor. Él es atraído hacia el padre. ¿Por qué? Los muchachos se identifican con el padre porque él es poderoso, tiene autoridad, es creíble y digno de confianza, generoso, benigno, y perdonador. En suma, el padre es masculino. Él no usa su masculinidad para ridiculizar sino para perdonar, y al hacerlo demuestra que es la «imagen nebulosa» de Dios para todos los que escuchan el relato. Necesitamos más hombres masculinos en nuestro mundo para que sean esa analogía de Dios para aquellos que al parecer no lo ven en ningún otro lugar.

Pepe

Así también en nuestra vida a veces encontramos a hombres como alguien que conocí una vez; llamémoslo Pepe. Todos sabíamos que había algo diferente en Pepe, algo que lo hacía destacar. Para ser franco, en su apariencia física no había mucho que lo hiciera diferente, al menos nada de lo cual algún hombre de hoy tendría motivos para jactarse. De hecho, Pepe era de estatura y aspecto modestos. Era algo más bajo que la mayoría de los hombres, comenzaba a perder cabello, y tenía un singular hábito de pasarse la lengua por los dientes superiores antes de hablar. Si alguien pasaba por su lado de prisa, era improbable que lo tomara en cuenta. Sin embargo, si uno pasaba solo algunos momentos con él, descubría que había algo realmente distinto en él. Pepe poseía una extraña capacidad para transformar una habitación con tan solo entrar en ella. Su presencia, sus movimientos serenos y con propósito, y sus palabras siempre cambiaban la dinámica de cualquier espacio que él ocupara.

Algo se ha perdido en nuestro actual camino de iluminación moral. Hemos perdido algo que deja un inmenso vacío en el corazón de la cultura moderna. De hecho, yo plantearía que lo que se ha perdido es la verdad de que necesitamos que los hombres sean hombres. Necesitamos hombres como Pepe. Necesitamos que los hombres sean masculinos. Además, cada familia necesita un padre que sea masculino y entienda lo que significa ser un padre fuerte y bondadoso. Está claro que no necesitamos hombres abusivos, autoritarios, ejemplos monolíticos de dominación y chauvinismo de machos. Sin duda podríamos arreglárnoslas sin aquellos que piensan que las mujeres son inferiores por diseño y no merecen nuestro respeto, dignidad, o cuidado. Pero está igualmente claro que algo se ha perdido cuando permitimos que el péndulo oscile demasiado lejos hacia el lado opuesto, empujando a los hombres a que sean ejemplos feminizados y confusos de inseguridad.

En una cultura tal, se nos ha hecho difícil identificar qué significa exactamente ser masculino. Pero lo reconocemos cuando lo vemos. La masculinidad es algo silencioso. Quienes son masculinos no son odiosos ni ruidosos, y nunca serán tenidos por fanfarrones. Su comportamiento normalmente es modesto. A la vez, no son intrínsecamente moralistas. Ciertamente conocen la diferencia entre lo bueno y lo malo, y defenderán lo bueno y combatirán lo malo. Pero su percepción de lo bueno y lo malo no los convertirá en santurrones ni mojigatos. Más bien su sentido de lo bueno y lo malo los conducirá muy a menudo al perdón. Los hombres masculinos son capaces, fuertes, confiados, y benignos.

Radiadores y moños

El lunes en la mañana, mi automóvil (un Jeep Grand Cherokee 2000) comenzó a recalentarse. Lo llevé a un estacionamiento cerca de mi casa para buscar el problema, y encontré un pequeño río de refrigerante vertiéndose desde la bomba de agua y acumulándose bajo el vehículo. Me arriesgué a conducirlo el resto del camino a casa, pero sabía que pasaría buena parte del martes cubierto de aceite y mugre.

El miércoles en la mañana mi vehículo estaba de nuevo en la calle después que reemplacé todo el sistema refrigerante, el radiador, la bomba de agua y el termostato, y cambié el líquido de transmisión y el filtro. Cuando estaba todo listo, un amigo me preguntó si me gustaba hacer ese tipo de trabajo. Descubrí que la respuesta no era tan fácil. No me gustaba pasar el día de espaldas cubierto de líquido de transmisión. No me gustaba hacer tres viajes a la tienda de repuestos. No me gustaba rasmillarme los nudillos cuando el torquímetro resbala desde un perno. Pero me encantaba la silenciosa victoria de ser capaz de dominar mis propias cosas.

No fue solo que reparé el problema. Fue que lo intenté. Abrí la puerta del garaje, revisé el manual de reparación Chilton, respiré profundo y comencé a girar la llave sobre porfiadas tuercas. Aunque no hubiera podido repararlo y hubiera tenido que llevarlo a un experto, habría sentido cierta alegría al saber que fallé intentándolo. Eso es lo que me gustó, y he descubierto que eso me gusta cada vez más.

Pero esto no solo aplica a apretar tuercas. En los últimos meses, tuve que llevar a mi hija menor a su clase de ballet. No solo tuve que asegurarme de que estaba vestida y lista para salir, sino que tuve que peinarla. Y ni loco podía quedarme sin resolver cómo dominar el moño de ballet. Créeme que a veces era más fácil cambiar una bomba de agua que controlar todos los cabellos sueltos y lograr que los pasadores se quedaran fijos. Incluso miré videos de YouTube en busca de consejos y trucos; al final resulté bastante bueno en ello.

Me temo que nos hemos acostumbrado a deferir a otros, no solo nuestras cosas, sino también nuestros distintos llamados en la vida. Muy a menudo ni siquiera intentamos dominar nuestro oficio (cualquiera que sea); más bien nos conformamos con la mediocridad con algunas joyas que hemos robado de Pinterest o las noticias de Twitter para mejorar nuestro trabajo. ¿Qué pasó con nuestra búsqueda de la calidad? ¿Qué pasó con el impulso por ser los mejores en lo que hacemos? ¿Qué pasó con la disposición a arriesgar un fracaso para poder ser mejores al final?

Es momento de correr algunos riesgos. Es momento de sacudirnos de la aburrida pereza de lo que nos da este mundo y atrevernos a dominar las cosas bajo nuestro control. Si eres madre, entonces sé una que rompa el molde. Si eres maestro, entonces sé uno que realmente inspire. Si eres predicador, entonces sé el mejor condenado predicador que puedas ser. Y si fallas, ¿qué importa? Al menos fallaste intentándolo. Además, tu salvación no pende de un hilo; tu eternidad no está moldeada por tus manos. Solo la sangre del Cordero lo decidió. Eres salvo solo por gracia, así que eres libre para trabajar, libre para fallar, y libre para levantarte una y otra vez. Así que saca la caja de herramientas, arremángate, y haz el trabajo que el Señor te ha dado.

Rev. Paul Koch

Estos hombres tal vez no conozcan la respuesta a cada pregunta ni cómo reparar cada problema, pero se consideran capaces de resolverlo. Además, ¡consideran que su vocación es intentar! ¿Intentar qué? Intentar manejar aquello a lo que han sido llamados: esposo, amador, padre, trabajador, ciudadano, y amigo. No siempre manejan las cosas como deberían, pero lo intentan. Y cuando no pueden, tienen la suficiente confianza para pedir ayuda a un hermano. Cuando estos hombres fallan, piden perdón. Cuando tienen éxito, hallan una pequeña sensación de orgullo por haber sido, siquiera un breve momento, lo que Dios ya ha dicho que son. Esta no es una imagen complicada; de hecho, es bastante simple. Quizá sea su sencillez lo que hace tropezar a los hombres. Nuestra cultura nos ha hecho temer preguntar por la masculinidad. Nosotros, a la vez, creamos imágenes de la masculinidad que parecen tan complicadas y con tantos matices que es un objetivo demasiado difícil de lograr. El temor nos lleva a evitar la masculinidad y todo lo que esta conlleva como una plaga. La sencillez de ser simplemente lo que Dios ha declarado que somos —libres— parece una carga demasiado pesada para soportarla porque podríamos fallar.

Filia

Los hombres masculinos tienen un verdadero sentido de amistad y amor fraternales, o *filia*. Ellos encontrarán a otros hombres masculinos con quienes rodearse: hombres en los que saben que pueden confiar. A veces pareciera que los hombres masculinos corren en manadas porque suelen estar juntos. Esta no es una especie de mentalidad de pandilla; más bien es el hierro afilando el hierro. En el mundo antiguo, *filia* se consideraba la más digna de todas las formas de amor. Esta «amistad» era vista por los antiguos como la piedra angular del desarrollo de la virtud, mientras que nuestro mundo moderno, en contraste, la desestima completamente[1]. En nuestro mundo encumbrado sobre las redes sociales, son pocos los que encuentran la virtud en la verdadera amistad. Son pocos los que lo hacen porque pocos han experimentado realmente la verdadera amistad masculina por sí mismos.

Es por esto que películas como *Tombstone*, *Corazón valiente*, y *Banda de hermanos* son tan populares entre los hombres. Los hombres ven estas películas continuamente solo para tener un atisbo de lo que significa estar rodeado de una benigna masculinidad que da, sacrifica y salva. Los hombres necesitan apoyo mutuo para que les enseñe a ser hombres, especialmente en nuestros días, y nuestros hijos también necesitan verlo.

Pero estas características no son lo que cambia una habitación con tan solo entrar. No explican por qué Pepe destaca entre los demás. ¿Qué es entonces? La habitación cambia cuando un hombre masculino entra a causa de la atmósfera de gracia que trae consigo. Su carácter modesto, fuerte, confiado, capaz, y perdonador parece brotar de sus poros como sudor en un día caluroso. Es fuerte, pero no usa su fuerza para abusar; está acostumbrado a proteger y salvar. Está confiado, pero no usa su confianza para desmotivar. La confianza de un hombre masculino se comparte de modo que nuestra confianza en él se convierte en una alentadora porción de nuestra confianza. Él es capaz, pero no usa su capacidad para demostrar la inutilidad de los demás. No es moralista; más bien perdona, de manera confiada, capaz, y visiblemente modesta. Un hombre masculino puede perdonar tanto con un gesto como con sus palabras.

¿Qué hay con Pepe?

Pepe no era un hombre grande, ruidoso o impresionante, pero era diferente. Era un líder entre los hombres, y lideraba con perdón. En su carrera, era respetado, valorado y fácilmente promovido. Pero era el tipo de hombre que se ofrecería para enseñar en la clase de escuela dominical porque creía que los niños necesitaban más que historias bíblicas moralizantes contadas por bienintencionadas señoras de la iglesia. Sabía que, si hombres como él no se disponían, la iglesia quedaría con poco más que salas llenas de pequeños fariseos de buena conducta. Los niños necesitan aprender y ver la gracia el domingo en la mañana de formas reales, y Pepe lo sabía. Él creía y simplemente actuaba según su convicción de que ser un hombre significa algo importante cuando se enseña a los niños sobre los dones de la gracia y el perdón de Dios. Pepe quería asegurarse de que alguien estuviera allí para «entregar los bienes» del evangelio. Pepe era el hombre indicado para hacerlo.

Así que, ¿cuál es el problema? ¿Por qué pareciera que los hombres como este están escasos? La verdadera lucha es que ser un hombre masculino en una familia moderna es difícil. Nuestra cultura ha estado descendiendo por el camino de la feminización por más de cuarenta años. Todo parece haber sido feminizado: la moda, el arte, la música, el trabajo, el hogar, la familia, y también los hombres que se hacen llamar esposos y padres en esas familias. No es culpa de las mujeres que deseaban obtener igualdad de derechos, los que deberían haber tenido siempre. Es culpa de los hombres por canjear su gracia y poder como sacrificio destinado a «recuperar», por así decirlo, un sentido de igualdad. El resultado es que los hombres se han vuelto pasivos en la cultura, el trabajo, y, trágicamente, el hogar.

Robert Bly, en su libro *Iron John*, fue la voz profética de esta realidad que se avecinaba hace unos veinte años. Allí escribe: «Algunas mujeres quieren un hombre pasivo si es que realmente quieren un hombre; la iglesia quiere un hombre domado: se los llama sacerdotes; la universidad quiere un hombre domesticado: se los llama profesores a prueba; la corporación quiere a alguien que trabaje en equipo, etc.»[2]. Si nos adelantamos casi un cuarto de siglo, descubrimos un mundo donde la hipérbole de Robert Bly es cierta. Los hombres retratados en nuestros medios populares son de dos clases: el primero, impotente (diez comerciales de Viagra por noche parece exagerado), desechable, y estúpido, y el segundo es homosexual y digno de admiración. Hemos llegado a este extremo y hemos permitido que el péndulo oscile en la dirección totalmente equivocada. Impotente y homosexual no se equipara a un hombre o la masculinidad, y ciertamente no conduce a la paternidad.

Un hombre masculino al parecer no es lo que nuestra sociedad quiere. Más bien pide un hombre pasivo, y eso es exactamente lo que consigue. Nuestro mundo está lleno de hombres que son o pasivos, o iracundos, o ambas cosas. ¿Qué es peor que un hombre iracundo, pasivo-agresivo? Además, los hombres pasivos no son buenos padres; de hecho, tal vez no quieran ser padres realmente. Una vez más, Bly es perceptivo: «El hombre pasivo puede eludir la paternidad. La paternidad significa sentimiento, pero también significa hacer todo tipo de tareas aburridas, llevar a los hijos a la escuela, comprarles abrigos, asistir a conciertos de bandas, poner horarios, establecer reglas de conducta, decidir sobre las respuestas cuando se rompen las reglas, observar quiénes son los amigos de un hijo, escuchar la plática de un niño de manera activa, etc.»[3]. Es difícil ser papá. Como papá, puede que algún día seas llamado a cambiar un pañal, ir a una reunión entre padre y profesor, o, ni Dios lo quiera, sentarte junto a una cama de hospital con un niño desesperadamente enfermo. No parece seductor o emocionante ser papá; ciertamente, no parece masculino. Los papás que tienen niñas pequeñas incluso pueden ser llamados a peinarlas y asistir a fiestas de té con animales de peluche.

Además, ser esposo y padre parece que implica mucho trabajo. El hombre que elige recorrer este camino, ¿tendrá tiempo para hacer ejercicio y mantener su «físico masculino»? ¿O pasará sus sábados reparando lavaplatos rotos, destapando inodoros, y llevando a niños a clases de natación? ¿Qué tiene eso de masculino? ¿No parece más masculino pasar el día perfeccionando un cuerpo duro, surfeando, saliendo con amigos, o planificando la siguiente conquista sexual? ¿Es realmente masculina la rutina diaria de tratar asuntos familiares? ¿Es el dejar de lado las necesidades inmediatas por ayudar a alguien más —tu familia— lo que significa ser un hombre? Preguntas como estas no son fáciles de responder. Para ser franco, no hay nada en hacer ejercicio, surfear o salir con los chicos que sea poco masculino. Pero el corazón de la masculinidad llega en la relación con aquellos a quienes Dios nos ha llamado a servir.

Así que nuestra cultura nos dice que estas cargas se deben evitar hasta el último momento. A los jóvenes adultos se les dice que posterguen las relaciones verdaderas y significativas en favor de los encuentros casuales. Se les aconseja que eviten el matrimonio —especialmente el matrimonio joven— el mayor tiempo posible. Se les dice que eviten ser padres hasta que se vean obligados. Pero ¿es esto lo que realmente quieren los hombres? ¿Es este enfoque pasivo y temeroso a la vida lo que las mujeres quieren de los hombres? Nuestra cultura crea escasa o ninguna mística positiva en torno a la masculinidad o la paternidad. Para las niñitas que juegan con muñecas y empujan cochecitos, la mamá es una superheroína. Los niños no tienen a nadie a quien mirar excepto personajes animados y zopencos de comedia en la televisión. En consecuencia, la mayoría de los jóvenes ven la paternidad como algo que se debe evitar a toda costa.

¿Quién se preocupa por los niños?

Un reciente informe de la Oficina de Censo estadounidense titulado «¿Quién se preocupa por los niños?» señala que cuando ambos padres están en casa con los niños, la madre es etiquetada como el «padre designado»[4]. El informe también señala que cuando el papá se hace cargo de los hijos mientras la mamá está fuera, eso se considera un «acuerdo de guardería». Cuando la mamá se hace cargo de los hijos mientras el papá está fuera, eso no es «acuerdo de guardería», solo es mamá siendo mamá. Nuestra cultura designa a las mamás como padres y a los papás como ayudantes de cuidado infantil. Ningún muchacho que haya conocido quería ser un ayudante de cuidado infantil.

A consecuencia de esto, los hombres no hablan de convertirse en padres. Cuando una mujer le dice a una de sus amigas que a ella le gustaría ser una «buena madre» algún día, muy a menudo hay una afirmación positiva de su sueño. Si le digo a mi hija que yo pienso que ella será una buena mamá, se sonroja y brilla tanto como cuando le digo que es hermosa o que la amo. Si un joven le dice a otro joven que será un buen papá, este experimenta una visible sensación de incomodidad, un inquieto nerviosismo seguido de la exclamación: «Un momento, cálmate. ¡No estoy preparado para pensar en eso!». Nos han condicionado para resistir, vacilar y cambiar la conversación tan pronto como surge.

Estas desafortunadas realidades han ocasionado un estado de adolescencia prolongada en los jóvenes. Los muchachos rehúsan crecer y aceptar sus roles como adultos y la consecuente responsabilidad implicada. Una vez más, el mensaje general es que los jóvenes adultos deben postergar el matrimonio todo lo posible, y simplemente «convivir». ¿Quién necesita casarse? Los hijos son una molestia y restringen «mis» opciones. A los jóvenes adultos se les dice que su tarea es divertirse todo lo que puedan mientras estén jóvenes, solteros y libres, como diciéndoles: «Cuando te hayas divertido todo lo que creas que puedes y hayas postergado el matrimonio el mayor tiempo posible, entonces deberías casarte y morir». Pero como nos recuerda la parábola del hijo pródigo, ese tipo de vida nunca resulta realmente como uno la imagina. Lamentablemente, en las últimas décadas la iglesia no ha sido diferente en esta área. La iglesia y las personas en ella intentan convencer a cada joven adulto de que deben esperar lo máximo posible.

¿A dónde se han ido?

Además, ¿dónde están los mentores masculinos que también son papás? Aquellos padres fuertes, que han hecho lo que necesitamos con más urgencia, al parecer no están diciendo nada acerca de lo grandioso que fue. Si sumamos todo esto, este es el resultado: los jóvenes no crecen queriendo ser padres. No han visto hombres masculinos fuertes a quienes imitar. Si los jóvenes no han crecido respetando a hombres, la consecuencia es que tampoco han crecido queriendo ser padres. ¿Por qué, pues, querría algún joven ser un papá fuerte y masculino? No pueden aspirar a algo sobre lo cual nada saben, algo que nunca han visto. Los jóvenes imaginan el ser papá como otro deber de los adultos, tales como cambiar el aceite o destapar un inodoro inundado. El ser padre no exhibe ninguna magia, ni maravilla, ni grandeza.

No obstante, el padre es, por diseño, el punto de la potente gracia en el hogar; su ausencia significa que la imagen apologética en la casa moderna es lúgubre. Los hijos están creados para mirar al papá en la casa como una imagen de Dios. Dios es poderoso. Dios tiene autoridad. Dios es creíble y digno de confianza. Dios muestra gracia. Dios es bondadoso. Dios perdona. Estas también son cualidades que aplicamos a un hombre masculino. La imagen es completa. Si se deshecha al padre como alguien pasivo e impotente y no merece admiración, entonces quizá Dios tampoco sea algo tan espectacular. Pero el caso inverso también es cierto: si el papá es una nebulosa imagen de Dios y es bueno, fuerte y benigno, entonces quizá Dios es bueno, fuerte y benigno, y tal vez se preocupa por mí también. Los hombres fuertes crean padres fuertes y benignos que, a su vez, sirven como apologética en favor de un Dios fuerte y benigno que ama y salva gratuitamente.

No importa cuánto intentemos asignar una lista de características a la palabra *masculinidad*, probablemente nunca logremos describir con precisión al verdadero hombre. El hombre realmente masculino es más una imagen o un retrato que una lista de características. La idea de un hombre masculino solo se realiza plenamente cuando se observa en un hombre concreto de carne y hueso. Esto es lo que Pepe llevaba consigo al entrar a una habitación. Él no podría haber proporcionado una mejor descripción de la masculinidad que la que expresaba su presencia. De hecho, probablemente nunca pensó en definir sus características; simplemente las vivió mientras fortalecía a todos los demás. De hecho, mediante su bondad, fortaleza, e intencionalidad, ayudó a los hombres que lo rodeaban a actuar según la masculinidad que ya poseían. Aun si nuestra cultura, vida familiar, comedias y mentores no nos han ayudado a conocer y atesorar nuestra masculinidad, alguien como Pepe nos dio el valor para simplemente vivirla.

Pepe y otros como él son historias vivientes de cómo es la masculinidad. Las historias cautivan nuestra imaginación; se apoderan de nosotros como no puede hacerlo una mera definición. Las historias nos inspiran a alcanzar su estándar. Cuando escuchamos la historia de un fuerte guerrero, queremos ser ese guerrero. Cuando escuchamos la historia de un buen amador, queremos ser ese amador. Cuando escuchamos la historia de un hombre fuerte que se posiciona contra el sistema, queremos ser ese hombre. Cuando escuchamos la historia de un padre bondadoso, compasivo y generoso, queremos ser ese padre. Las historias nos atraen y nos motivan a ser más que lo que somos. Todo muchacho quiere ser el príncipe de *La bella durmiente*. Todo adolescente quiere ser como Steve McQueen cuando gana la carrera en *Le Mans*. Todo hombre quiere ser William Wallace en *Corazón valiente*, defendiendo su propia libertad. Y todo papá que escucha la historia del hijo pródigo quiere ser ese padre.

El padre del hijo pródigo: un auténtico hombre hecho y derecho

Así que recuerda el relato del hijo pródigo. Un poderoso hombre de recursos, que también es un buen padre, le permite a su hijo menor ir en busca de un sentido de desesperada libertad. La libertad del hijo resulta ser un desastre, no porque sea libertad, sino porque su raíz es la desesperación. La historia comienza con una exigencia. El hijo apela a la ley de la herencia para satisfacer sus exigencias. No obstante, en su desesperación, rehúsa esperar lo que la ley exige: la muerte de su padre. En este caso, como en la mayoría, la apelación a la ley es lo que produce desesperación y temor. La desesperación es temor, el temor es de la ley, y esto siempre traerá solo condenación. La condenación del hijo menor conduce al punto donde comenzó: más desesperación. Ahora, en su desesperación, el joven hijo regresa al buen padre. Entonces el buen padre recibe nuevamente a su desesperado hijo. Lo abraza, lo redime con su palabra, lo devuelve a la familia, y celebra. La desesperación es dejada de lado en el perdón del padre y es reemplazada con verdadera libertad. La libertad es un regalo que se da con amor, el cual es bueno y fuerte porque es gratuito. Siempre se requiere más fuerza para libertar a alguien que la que se necesita para mantenerlo en cadenas. La libertad es del evangelio y es concedida por la poderosa Palabra del Padre. En esta historia aparece un hijo mayor. Este hijo se queja y rezonga por la disparidad que muestra el padre. Ve el amor del padre como disparidad porque él también es débil. Es débil porque su mojigatería también es de la ley, y la ley siempre condena. El padre, una vez más, se involucra y redime al hijo mayor con su fuerte gracia y su poderosa Palabra. Su poderosa Palabra es libertad, es el evangelio, y es fuerte y masculina.

¿Cuál es el personaje más masculino en la historia del Hijo Pródigo? ¿Cuál de estos tres hombres cambia una habitación con el solo hecho de entrar en ella? ¿Será el impaciente, exigente y licencioso hijo menor? ¿Será el gruñón, mojigato y presumido hijo mayor? ¿O será el padre a la espera? Imagina el retrato de estos tres hombres. ¿Cuál pinta el cuadro de un verdadero hombre? Impaciente, gruñón, débil, licencioso y desesperado; ¿es esta la descripción de un hombre masculino? Fuerte, bondadoso, misericordioso, declarativo, compasivo, generoso, e inspirador de verdadero asombro y respeto: este es el verdadero retrato de un hombre masculino. El padre de este relato es el hombre; los otros dos aún son muchachos. Los muchachos pueden ser débiles en su inmadurez. De hecho, se espera que los muchachos sean débiles porque todavía solo están aprendiendo a ser fuertes. Con el tiempo pueden volverse fuertes y masculinos, pero no mientras están ensimismados, impacientes, y necesitados. Mientras no superen este ensimismamiento, probablemente no estén listos para el matrimonio o la paternidad.

El padre de nuestra historia es como se pretende que sea la verdadera masculinidad. Él no es impulsivo. No es avasallador. No es exigente. Tampoco es un rigorista de un orden superior a mamá. Más bien es bondadoso, fuerte, compasivo, generoso, y por tanto inspira asombro y respeto. Sus palabras tienen poder porque son del evangelio y no de la ley. Sus palabras producen libertad, permitiendo que quienes son influidos por él sean libres y sean masculinos a su vez. Él no solo es una imagen del Padre;

es una imagen de lo que significa ser un hombre masculino libre
de chauvinismo pero lleno de masculinidad, lleno de gracia.
Las personas que conocemos o hemos conocido que son así
son ilustraciones de una masculinidad serena, fuerte, benigna,
y perdonadora. En nuestra vida imperfecta y fracturada, nos
aferramos y somos impulsados por imágenes como esta. El padre
de la parábola nos da el valor para ser los hombres que Dios nos
ha llamado a ser: a amar, mostrar gracia, compartir el evangelio
de perdón, y libertar a otros. Es tiempo de que los hombres dejen
de estar desesperados y sean libres. Los hombres deben saber que
son libres para ser aquello para lo que Dios los ha creado y los
ha llamado a ser: hombres confiados, benignos, perdonadores y
masculinos que son analogías de Dios para aquellos que al parecer
no lo ven en ningún otro lugar.

CAPÍTULO 4

Cuando un hombre ama a una mujer

Cuando un hombre ama a una mujer
no puede pensar en nada más;
daría todo el mundo
por el bien que ha hallado.

—Percy Sledge

Generalmente no soy admirador de Percy Sledge, pero cuando comencé a escribir este capítulo, estaba celebrando mi vigésimo aniversario de bodas y escuchando esta canción, escrita por Calvin Lewis y Andrew Wright, y me sentía un poco sentimental. Conocer a mi bella esposa fue como chocar con un muro de ladrillo a cien kilómetros por hora. Simplemente no sabía qué me había golpeado. Pienso que enamorarse es algo por el estilo: algo que uno no controla y que es inesperado. Cuando miro a mi esposa, creo que Dios la creó para que yo dijera «¡oh!» cuando la veo. Y veinte años más tarde, la visión de su cuerpo desnudo todavía me hace decir el mismo «¡oh!». Él la creó para que me anhelara, me deseara, y además deseara mi deseo de ella. Creo que Dios me creó para cuidarla, protegerla, amarla, y desearla más que nada. ¡Y desearla es lo que hago! Conforme pasa el tiempo, el amor se establece, y es menos una sorpresa y más como algo que uno no puede recordar haber estado sin ello. Con el tiempo, el amor crece, y su deseo y necesidad crecen junto con él. Y entonces, en tanto que dos personas, esposo y esposa, crecen juntos, comienzan a darse cuenta de que quieren más juntos.

La relación matrimonial es especial. Es más que sexual, aunque es sexual. Es más que emocional, aunque es altamente emocional. Es más que un compromiso, aunque ciertamente es eso. Es difícil. Es maravilloso. Desafía y recompensa. Cansa y llena con una energía inagotable. Encarna todos los aspectos maravillosos de nuestro mundo a la vez que nos desafía con algunos de los aspectos más intensamente negativos de nuestros pensamientos y sentimientos íntimos. Es una imagen o una instantánea de nuestra vida y fe. Es un extraordinario misterio. Cuando un hombre ama a una mujer, realmente no puede pensar en nada más. Ella llega a ocupar tal lugar de quien él es y lo que es, que a él le resulta difícil decir dónde termina él y comienza ella. Pablo dice algo muy similar en Efesios: «Así mismo el esposo debe amar a su esposa como a su propio cuerpo. El que ama a su esposa se ama a sí mismo»[1]. Cuando Dios describe el amor de un hombre por su esposa al describir el matrimonio, nos dice que los dos se vuelven literalmente una sola carne. Ellos son la relación familiar primordial porque son uno. Él está absorto por ella, y ella está cautivada por él.

Piensa en Adán, despertando de su sueño y levantándose de su cama. Él absorbe la belleza y la bendición del día. Se pone en pie, orgulloso y fuerte como el pináculo de toda la creación. Modelado a imagen de Dios, se le ha dado dominio sobre todo lo que contemplan sus ojos. Pero esta mañana, este despertar, es distinto a cualquier otro. Él contempla una criatura sobre la cual nunca había puesto su mirada. Tal vez solo en sueños había imaginado una criatura semejante, pero ahí está de pie frente a él. Más bien, ahí está *ella*. Él corre hacia ella, la abraza, y canta el primer canto de la creación. Él dice: «Esta sí es hueso de mis huesos y carne de mi carne. Se llamará "mujer" porque del hombre fue sacada»[2].

Con todo, cuando los dos llegan a ser una carne, también son llamados a llegar a ser más de dos cuando sea posible. Son llamados a crear bebés. Las consecuencias de esto son profundas. A veces yo considero escenarios alternativos. ¿Qué tal si Joy y yo no nos hubiéramos conocido aquel verano en el Campamento Luterano Arrowhead en 1993? Bueno, nunca nos habríamos casado. Nunca habríamos tenido nuestros hijos, Caleb, Joshua, y Autumn. Caleb nunca habría conocido a su esposa, Erika. Sus futuros hijos (si Dios quiere) nunca nacerían, etc. Nuestra unión, hace ya veinte años, tuvo consecuencias que jamás podríamos haber soñado, conduciendo con el tiempo a un sinnúmero de vidas con el correr de las futuras generaciones, más matrimonios, más nuevos bebés nacidos como consecuencia de nuestro matrimonio, un indecible número de bautismos, y nuevas vidas lavadas en la sangre de Cristo[3]. La relación marital es la relación primordial en una familia. El matrimonio es el fundamento sobre el cual se construye una familia.

Por lo tanto, estos dos, esposo y esposa, están llamados a ser una carne, pero también están llamados a ser padre y madre. Estos son roles radicalmente distintos. Los padres no solo traen hijos al mundo; también están llamados a traerlos a la familia de Dios y a la fe. No solo sostienen la vida física de sus hijos; también los traen a la fuente bautismal y a la Palabra. Les enseñan y los forman en la vida y en la fe. Como dice el Proverbio: «Instruye al niño en el camino correcto, y aun en su vejez no lo abandonará»[4]. Los padres enseñan a sus hijos tanto la ley como el evangelio. Aun en lo que son como madres y padres, les enseñan acerca de la ley y el evangelio. Los padres actúan como imágenes denotativas de estos conceptos en el hogar. Ellos atan y libertan, hieren y sanan, orientan y dejan ir. Ellos son la fuerza más potente que moldea a los hombres y mujeres que sus hijos llegarán a ser. Así que si las mamás y los papás hacen esto juntos, ¿por qué en la parábola del hijo pródigo no hay una madre? Hasta aquí he usado esta parábola como el relato último de paternidad «centrada en Dios». ¿Cómo debemos entender sus significativos y distintos roles cuando la mamá está ausente de esta parábola? Nos queda la interrogante. Creo que tengo cierta idea. Reconsidera la parábola del hijo pródigo como si fuera contada por una madre. Imagina que estos sucesos ocurren mientras el papá está fuera de casa. La parábola podría parecerse a algo como esto. Aquí tienen «Una mamá y sus dos muchachos».

Una mamá y sus dos muchachos

Conocía a una mujer que tenía dos hijos de poco más de veinte años que aún vivían en casa. Ella sabía que solo era cuestión de tiempo para que uno de ellos decidiera crecer y continuar haciendo su vida fuera de su casa. Ese día finalmente llegó, y su hijo menor, su bebé, anunció que se iba de la casa. No obstante, no fue como lo planeado. Su postura fue muy áspera. Dejó un inmenso desastre en su antigua habitación. Además, le exigió a la mamá que sacara 35.000 dólares de su cuenta de jubilación y se la diera para que él pudiera tener un buen comienzo.

Cuando ella supo esta noticia, se puso muy triste. Le rogó a su hijo menor que no se fuera. No obstante, ella ignoró la aspereza de él, limpió su desastre, y retiró el dinero. Cuando se lo entregó, nuevamente le rogó que se quedara, pero él la miró a la cara y le dijo: «Ya estoy grande, y ya no necesito que mi mamá me cuide. Además —le dijo—, apenas puedes cuidarte a ti misma». Ella le dio un abrazo entre lágrimas, pero él pronto la rechazó. Mientras él cargaba el auto, ella corrió a la casa, saqueó su último poquito de efectivo de su billetera, y se lo entregó al hijo. Le suplicó una última vez que no se fuera, pero él ni siquiera miró hacia atrás cuando tomó el dinero de su mano, aceleró el motor, subió la radio al máximo, y salió del estacionamiento quemando ruedas. Ni siquiera tocó la bocina ni movió la mano mientras se perdía de vista. Su bebé se marchó así sin más.

La partida de su hijo dejó un gran vacío en su corazón. Sin duda, su hijo mayor aún la necesitaba, pero el menor ya no. Para colmo, parecía que él no solo ya no la necesitaba, sino que ni siquiera la quería en su vida. Esto era algo que ella no podía aceptar. De hecho, lo negaba completamente. En este estado de engaño, ella lo vigilaba diariamente, ya fuera por el estado de Facebook del hijo o enviándole mensajes. La mayoría de los días él ni se molestaba en responder. Cuando llegaba a devolverle un mensaje, sus respuestas a las preguntas apenas contenían más de una palabra. Aunque las respuestas de una palabra por lo común se consideran muy descorteses, estas pequeñas delicias de comunicación con su hijo rebelde hacían bailar de júbilo el corazón de la madre. El solo saber que ocasionalmente ella esta en la mente del hijo la hacía lo bastante feliz para sobrellevar algunos días más.

Lamentablemente, incluso los mensajes con sus respuestas aleatorias de una palabra se detuvieron. La madre no oyó ni una palabra durante varios meses; no hubo actualizaciones de Facebook, ni mensajes en Twitter, ni publicaciones en Pinterest. No pudo hallar nada que le diera esperanza de que él seguía vivo. Pero una noche, de repente ella recibió una llamada por cobro revertido a las 2:00 de la mañana. «Mamá», dijo él, «tienes que enviarme algún dinero ahora mismo». Y añadió: «Me detuvieron por manejar en estado de ebriedad aquí en Atlantic City, y me retuvieron el auto». Ella le dijo que no se preocupara; ella se haría cargo de todo. Él colgó el teléfono público en la estación de policía sin siquiera dar las gracias. No obstante, la mamá hizo lo que él pedía y transfirió el dinero para pagar la fianza y sacarlo de la cárcel, y liberar el auto del corralón.

Ella no volvió a saber del hijo durante casi un año. No obstante, seguía revisando sus estados y se aseguraba de enviarle mensajes regularmente, haciéndole saber que estaba remodelando su habitación para cuando él estuviera listo para volver a casa. Alrededor de un año después, él la llamó nuevamente, esta vez para contarle que llegaría a la casa en una hora y que iba con su nuevo compañero, Sebastián. Iban a necesitar un lugar donde quedarse, porque su arrendador los había echado por no pagar el arriendo.

La mamá miró a su hijo mayor y le dijo que empacara sus cosas y saliera de la recién remodelada habitación de su hermano menor porque él venía a casa. El hijo mayor miró a su mamá directo a los ojos y le gritó, y le dijo que por ningún motivo iba a volver a su antigua habitación. «Es demasiado pequeña y ni siquiera tiene baño», exclamó. «¡No es justo!». Después de todo, él era el que se había quedado. Él le cortaba el césped. Él le había reparado el auto cuando se descompuso el mes pasado. Él es el que ayuda en la casa cocinando y limpiando. Al hermano mayor toda esta situación le parecía la más grande humillación. ¿Cómo es posible que su hermano menor simplemente pueda volver a casa, sin cuestionamientos, y recibe la habitación más grande con baño?

La madre, con toda calma, amabilidad y paciencia le dijo al hijo mayor que no se preocupara. Le explicó que ya había llamado al contratista para que construyera un baño en su habitación también. No obstante, necesitaba que se cambiara de habitación ahora. Sus últimas palabras cerraron el trato: «Tu hermano viene a casa. Mi familia estará bajo un solo techo de nuevo. Deberías estar feliz de que esto me ponga feliz».

¿Podría haber ocurrido así? Tal vez, pero lo más probable es que la madre no le hubiera permitido al hijo marcharse. Más bien le habría rogado, lo habría sobornado, le habría suplicado e implorado que se quedara para poder seguir cuidando de él. Las madres cuidan, protegen, vigilan, miman, y quitan los obstáculos del camino de sus hijos. Este es su llamado y labor. Ellas les enseñan a comer, a beber, y les limpian el trasero sucio. Ellas ponen orden y reglas en la vida de sus pequeños. Ellas mantienen el caótico mundo del hogar cotidiano a un volumen bajo. Ellas son las reinas de su castillo, y nadie, ni siquiera los mismos hijos, les quitarán a sus «bebés». Las mamás hacen todo esto, pero, en general, no están llamadas a ser las proveedoras de libertad. Siempre hay excepciones a cada regla, pero, por lo general, para esto se requiere un padre.

No es el mismo orden

Se debe admitir que los padres a menudo no ponen el mismo sentido de orden que ponen las madres en un hogar. A veces restauran la justicia con su voz resonante y fuerza extra. A veces proporcionan diversión. Pero el propósito de los padres es proveer gracia y libertad. A fin de ser libre, primero el hijo debe dejar el hogar. Se le debe dar lo que exige y permitir seguir su rumbo con ello. Además, el hijo mayor debe ser libre para quedarse en la casa y trabajar para la familia. Mimarlos no es libertad. Cuando los hijos fracasan —y a menudo lo harán—, lo que se requiere entonces es gracia y perdón. Tal como cuando nosotros como padres fallamos en concederles perdón, también necesitamos ser perdonados por nuestra mojigatería y falta de gracia.

El hijo en «Una madre y sus hijos» nunca fue libertado realmente. Fue vigilado, consentido, se le pagó la fianza, y fue mimado. Nunca alcanzó el punto de total desesperación de la ley que llega por ser totalmente pecaminoso e impuro y darse cuenta de ello y arrepentirse. La ley acusa a aquellos que están en su pecado. Estamos atados por nuestro pecado y separados de Dios. Somos totalmente depravados. Estamos separados de Dios y no podemos, por nuestra propia cuenta, acercarnos a él si no es por Cristo. Estamos atascados donde estamos. Somos aquellos que miran a un padre benigno y generoso, le deseamos la muerte, y le exigimos que nos dé lo que se nos debe. Y él lo hace. Si exigimos salir de la familia, él inclina la cabeza y nos permite partir. No obstante, él es, en palabras de Helmut Thielicke, el Padre a la espera. Él no exige nuestro regreso, pero sí espera ansioso nuestro regreso.

La magia y la gracia del amor de un padre, el cual refleja esta cualidad de Dios el Padre, está en que desea amor. El amor necesita que la cosa más deseada —el amor— se pueda perder. A las mamás suele resultarles difícil admitir la posibilidad de un amor perdido y además una necesidad perdida. En la parábola del hijo pródigo no hay una madre posiblemente porque ella no habría permitido el riesgo de perder el amor de su hijo. Para eso se requiere un padre. Se requiere un padre tanto para permitir la posibilidad de la pérdida como, a la vez, conceder el don de la gracia y el perdón. Para ser adoptado nuevamente en la familia, primero a uno se le debe permitir abandonar la familia. O para decirlo en términos más bíblicos, a fin de ser levantado de los muertos, uno debe estar realmente muerto primero. Esta es la idea central de Efesios 2:5: «[Dios] nos dio vida con Cristo, aun cuando estábamos muertos en pecados. ¡Por gracia ustedes han sido salvados!». Muchos pasajes contienen esta dura realidad. No obstante, sabemos que nuestro Padre a la espera vigila el camino por nuestro regreso.

El amor de una madre

Este último año ha sido difícil para mí. Amo a mis hijos. Amo a los bebés. Me encanta un pequeñito que me mira hacia arriba me tira de los pantalones, y necesita que les ayude con algo. Podrían necesitar algo tan simple como que los levante. ¡Oh, y yo puedo levantarlos! Los lanzo en el aire de modo que una corriente de aire sopla el cabello de su suave frentecita y una sonrisa brota en su boca, y ellos chillan de inmediato cuando mis manos sostienen su pequeña forma. Me encantan los niños. Para una madre, este es el mejor sentimiento del mundo: la necesidad. Ellos necesitan algo de nosotras, y como mamás se lo damos encantadas.

Pero este último año ha sido un tiempo nuevo para mí como mamá. Mis hijos están casi grandes. La mayoría de las mamás tratan de contener las lágrimas cuando su hijo se fue a la universidad. Después de terminar la secundaria, se fue a trabajar a un campamento de verano en Nueva York por doce semanas. Había planeado estudiar en Concordia University Irvine (CUI), donde vivimos y trabajamos. Yo había conocido a mi esposo en el campamento, y tuve esa experiencia «cumbre» de poder enseñar a niños acerca del amor de Jesús por ellos durante todo el día por diez semanas. Así que se fue. Yo quería llamarlo todos los días. Le enviaba mensajes cada vez que podía porque quería saber que mi bebé estaba comiendo bien y durmiendo lo suficiente. También quería saber que me extrañaba. Poco después de llegar allá, conoció a una chica. Resulta que conoció a su futura esposa. Ella es todo lo que yo podría haber querido para él. Están enamorados. Después de un semestre separados, ella se cambió a CUI, y poco después, estaban comprometidos y planificando una boda en verano. Pronto comenzaron los planes de abandonar el nido para vivir a diez horas de distancia. Yo estaba deshecha. Debía haber tenido otra oportunidad de ser mamá: ayudar a mi futura nuera a ser esposa. En vez de eso, estaba a punto de perder el poder ser necesitada por alguien de la familia.

Ellos se marchaban. Quizá nunca volverían. Lloré tres horas completas esa mañana del Día de la Madre. Su ausencia en mi vida destruyó mi mundo por tres meses. Recibí sabias palabras de mi dedicado esposo para que dejara de preocuparme y fuera libre y los dejara libres. Necesitaba darles libertad por mi propia salud y mi relación con ellos. Pero eso no es lo que hacemos las mamás. Más bien nos preocupamos. Nos preocupamos de que ese hijo no se queme la mano en la estufa y que ese hijo sea un buen cónyuge. Simplemente queremos mejorarlo todo. Las mamás no queremos libertad; queremos necesidad.

Me tomó algún tiempo al principio lograr asimilar estas cosas y hacer ese giro desde el pensamiento a la realidad. Mi esposo tenía razón. Él era la voz de la gracia que yo también necesitaba. Lo he escuchado hablar a menudo a nuestros hijos con esos tonos de perdón y gracia. Casi siempre estas palabras me resultan realmente difíciles de asimilar, pero ahí estaba él devolviéndome lo que yo necesitaba. El amor de un esposo que me diga que puedo dejar de preocuparme es difícil de escuchar. Es a causa de su amor por mí que dijo que podía ser libre de mi preocupación. No necesitaba preocuparme porque he cumplido mi vocación como mamá y seguiré haciéndolo. Solo que ya no lo seré minuto a minuto. Puede que solo suceda un par de veces al año, pero estaré aquí cuando llamen.

Joyce L. C. Keith

Entonces, ¿cómo se vincula esto con la idea de que un hombre ama a una mujer y juntos hacen una familia? La verdad es que Dios, en su sabiduría, nos creó para ser su hombre y mujer. Él es el que dice en Génesis: «No es bueno que el hombre esté solo. Voy a hacerle una ayuda adecuada»[5]. También les dio a nuestros antecesores el primer mandato para toda la creación: «Sean fructíferos y multiplíquense; llenen la tierra»[6]. La verdad es que, a pesar de todo nuestro actual clamor social, que afirma que no hay necesidad de un padre y una madre, y nos dice que podemos «hacerlo solos», Dios condesciende a que ambos formen parte del cuadro.

Ciertamente, en nuestro mundo pecaminoso, el deseo de Dios suele ser ignorado. A veces esto ocurre por un completo desprecio de la voluntad de Dios y su Palabra. En otras ocasiones esto se debe a situaciones insostenibles en las que nos encontramos por causa de nuestro pecado o el pecado de otros. La paternidad soltera intencional, el divorcio, y las relaciones homosexuales oponen resistencia al deseo de Dios para nosotros. La muerte de un cónyuge o compañero de paternidad también es el resultado de la vida en un mundo profundamente afectado por el pecado. Mi propia historia es la de un niño criado por una madre sola tras la muerte de su esposo cuando era muy joven. A las madres que pierden a su esposo les resulta aún más difícil, pues se ven obligadas a una situación donde tienen que intentar desempeñar el rol de mamá/pacificadora y papá/dador de gracia al mismo tiempo. Mi propia madre hizo esto muy bien. De hecho, si algo hizo, fue excederse en la gracia cada vez que era posible. Pero esta no necesariamente es la situación ideal. El diablo, el mundo, y nuestra carne pecaminosa nublan el plan original de Dios. Como dice Pablo, estas realidades pecaminosas «con su maldad obstruyen la verdad»[7] y se resisten a la manera en que Dios pretendía que fuera la paternidad.

El texto de la Escritura es claro: la intención es que un hombre y una mujer tengan hijos y los críen juntos como familia. La esposa desempeña roles muy importantes y esenciales en la familia, como esposa y como madre. La clara realidad es que uno de los roles que ella desarrolla no necesariamente es una nebulosa semejanza con un Dios lleno de gracia que desea libertad y ser amado libremente. La analogía solo funciona porque reconoce la necesidad tanto de libertad como de gracia aun si ese amor arriesga la pérdida del amado. Todo amor implica la posibilidad del rechazo. El riesgo no es coercitivo, y tampoco lo es el amor. Si el riesgo es forzado, ya no es riesgo, es servicio obligatorio. Si el amor es forzado, deja de ser amor y se convierte en un mero conjunto de respuestas programadas. En esta historia de amor entre el pueblo de Dios y Dios, él asume todo el riesgo. En la historia de amor entre un padre y sus hijos, el padre está dispuesto a arriesgar la pérdida de sus hijos a fin de amarlos libremente.

Una vez más, la salvación que recibimos en Cristo es un riesgo precisamente por estar tan arraigada en el amor de Dios por nosotros y por ser tan libre. No depende de nuestra libre elección, pero sí trae como consecuencia nuestra terrible libertad. Es terrible porque, una vez libres, siempre está la posibilidad de que aún volvamos a pecar, y lo haremos. La parábola del hijo pródigo siempre me deja en suspenso precisamente porque sé que él podría huir del amor de su padre nuevamente. De hecho, al haber recibido la gracia del padre, pareciera que es libre para hacer eso precisamente. La posibilidad de un hijo pródigo reincidente es otra razón, creo yo, por la que no hay mamá en el relato. La posibilidad de perder el amor de un hijo una segunda vez sería una carga demasiado pesada para una buena mamá. Creo que es justo decir que una mamá preferiría amar antes que ser amada, y tal vez ahí radica la diferencia[8]. Dios nuestro Padre desea ambas cosas y ha traspasado ese deseo a aquellos que llamamos padres. Esta es la magia apologética del amor de un padre. Un padre desea amar a sus hijos y a la vez está dispuesto a arriesgar que ellos en respuesta lo amen libremente.

Un buen papá no actúa según los supuestos de la ley. La ley detesta la libertad porque esta puede conducir al pecado, perjuicio, abandono y condenación. Creo que esto es lo que más temen las mamás. Las mamás normalmente quieren que todo se haga correctamente. Quieren proteger del daño que conlleva la libertad. Las mamás, en general, operan bajo los supuestos de la ley porque tienen que hacerlo. Este no es un llamado glorioso, pero es uno valiente y necesario. Las mamás están llamadas a mantener la casa en orden y asegurarse de que los niños se alimenten, se vistan y estén listos para el día. Ellas mantienen la paz y limpian los desastres. Son tan necesarias en la casa como yo necesito oxígeno cada vez que inhalo para vivir. Si las mamás no hicieran lo que hacen, el hogar no sería un lugar de paz y descanso del mundo; sería un caos. Los papás, por otra parte, están llamados a ser modelos de gracia y proclamadores del evangelio. Proclamar el evangelio, insisto, significa ofrecer libertad. Esta libertad es aterradora para quienes operan según el supuesto diario de las proclamaciones de la ley sobre lo correcto y lo incorrecto, lo bueno y lo malo, el camino apropiado y el camino inapropiado. ¿Qué cosa más terrible se le podría mostrar a la ley que la libertad de ella? No obstante, esta cosa terrible es precisamente de lo que se trata el evangelio de Cristo. «Cristo es el fin de la ley»[9]. El hijo pródigo es nuevamente envuelto en la gracia, el perdón y la libertad de su padre, no porque fuera lo que al padre le correspondía hacer, sino porque él había hecho lo que no correspondía. ¿Cuándo fue la última vez que tu mamá te dijo que hicieras lo incorrecto?

La madre ama a sus hijos porque estos nacieron de su vientre; ella alimenta a sus hijos, los cuida, e incluso ha desarrollado una preferencia por ser altruista con ellos, a veces en exceso[10]. Nosotros sabemos que la amamos porque la necesitamos, nos preocupamos por ella, e incluso necesitamos que se preocupe por nosotros. Pero esto no es libertad, por así decirlo, y no es igual que el amor de un padre. El amor de un padre no necesita o ni siquiera se preocupa por el otro de la misma manera. El amor de un padre espera, perdona, acepta, suelta y libera. De nada vale considerar estas dos funciones del amor en cuanto a qué es mejor o peor. En otras palabras, el amor del padre no es mejor que el amor de la madre, ni el amor de la madre mejor que el del padre. El amor de la mamá quizá sea más similar a la providencia benevolente de Dios que derrama luz y sustento sobre nosotros de formas que ni siquiera podemos comprender. De hecho, la presencia constante de ese amor tal vez sea la razón por la que a menudo es pasado por alto. Siempre está ahí aun cuando su manifestación sea la voz de la ley.

El tipo de amor demostrado por el padre no puede y jamás disminuirá el amor de la madre sino que más bien le añadirá, porque el amor de un papá no es del tipo que causa disminución. El amor de un padre, insisto, es un amor que espera y es sereno. No procura sustraer sino más bien sumar. Al ser un Redentor, el amor de Cristo no aminoró el amor que el Padre irradió en nosotros como Creador y sustentador, ni aminoró el amor del Espíritu Santo como Confortador. De igual modo, el amor del papá no disminuye el amor de la mamá. El amor del papá simplemente apunta a un Dios que redime al pecador, liberta al cautivo, y recibe al perdido. Solo nuestra deteriorada condición podría llevarnos a intentar contraponer estos amores como si ambos no tuvieron por objetivo nuestro bien.

Así que un padre es muy a menudo también un esposo. O al menos así es como Dios pretendía que fuera. La tarea del esposo no es alienar a su esposa por medio de su mundo de gracia, sino más bien envolverla en él como una manta tibia. Las mamás tienen una labor muy difícil. Están llamadas a suplir las necesidades físicas cotidianas de sus hijos. El Dr. Paul D. Fairweather fue el fundador de la Escuela de Psicología del Fuller Theological Seminary y el autor de *Symbolic Regression Psychology*. En esta obra él señala: «Para explicarlo: al principio la madre provee el cuidado físico mientras que el padre provee el cuidado espiritual al niño. Es decir, el padre respalda la autoridad de la madre sobre el mundo interior del niño. Él reafirma la orden de la madre: "Cómete las zanahorias". En la adolescencia esto se invierte. El padre enseña y provee el cuidado para los asuntos concretos y prácticos del mundo exterior mientras que la madre provee una presencia espiritual que apoya al niño para que le crea al padre. Ella reafirma la fe del padre: "Sí, tú puedes conseguir ese empleo"»[11].

La labor de la madre entonces es tener fe en el padre para que los hijos tengan fe en la confianza que él tiene en ellos. La labor de un buen esposo respecto a su esposa es extenderle gracia también a ella para que las palabras de perdón de él, tan a menudo como sea posible, se conviertan en las palabras de perdón de ambos. Ellos tienen roles muy distintos, pero están juntos en esto. Una vez más, como se nos recordó en Edén: «No es bueno que el hombre esté solo. Voy a hacerle una ayuda adecuada»[12]. Cuando una madre lleva a cabo adecuadamente su vocación de velar por y atender las necesidades diarias de sus hijos, esto libera al padre para que sea adecuadamente el padre de gracia y amor que protege, guía y orienta a su familia.

Una vez más, ve a cualquier sitio de juegos y observa a los padres. ¿Quién anima a sus hijos a patear el balón un poco más fuerte, a andar un poco más rápido en la bicicleta, y a saltar un poco más alto? ¿Quién anima a los hijos a no patear tan fuerte, a ir más despacio, y no saltar tan alto? Los padres liberan a sus hijos para que aprovechen las oportunidades y vayan más lejos, y las madres protegen y son más cautelosas. Y esta diferencia puede causar desacuerdo entre la mamá y el papá sobre qué es lo mejor para el niño.

Pero la diferencia es esencial para los hijos. Por sí solas, cualquiera de estas manifestaciones de amor puede ser poco saludable. Una puede tender incentivar el riesgo sin considerar las consecuencias. El otro tiende a evitar los riesgos, lo cual puede impedir el desarrollo de la independencia, la confianza y el progreso. El plan de Dios para los padres era que papá y mamá trabajaran en concierto.

Si bien creo que es muy importante que un hombre sea hombre y que los hombres sean buenos padres, es más importante recordar que la relación de un hombre con su esposa es la primera y la primordial en su familia. Es porque los dos han llegado a ser uno que el uno llega a ser muchos. La pasión de él por ella es causa de la protección, liderazgo y orientación de parte de él, y a la vez la atención y el cuidado de ella hacia él y sus hijos. Es ella quien hace de él un padre, y él quien hace de ella una madre. Si su relación se rompe, si él no la desea a ella, ni ella a él, a sus hijos les faltará un modelo de cómo Dios ama a la iglesia en Cristo. Una vez más, esto es del apóstol Pablo en Efesios: «Porque somos miembros de su cuerpo. "Por eso dejará el hombre a su padre y a su madre, y se unirá a su esposa, y los dos llegarán a ser un solo cuerpo". Esto es un misterio profundo; yo me refiero a Cristo y a la iglesia»[13].

Así que nos gozamos en nuestra esposa, y damos gracias por su apoyo y cuidado. Damos gracias a Dios porque se nos ha permitido amarla, honrarla, estimarla, y protegerla. En su fe y aliento hacia nosotros, encontramos la fuerza para cumplir nuestra vocación como padres. Aunque este seguiría siendo nuestro deber sin ellas, ellas lo hacen mejor, y viceversa. Nuestra esposa provee lo que necesitamos y nos hace seguir cantando la antigua canción: «Esta sí que es hueso de mis huesos y carne de mi carne»[14].

CAPÍTULO 5

Sobre ser papá

No hay palabra que me haga más feliz que la palabra
«papi» cuando va dirigida a mí.

—Michael Josephson

Como señalé en la introducción, cuando era joven, me impactaron las lecciones que aprendí por primera vez cuando estudiaba bajo la tutela del Dr. Rod Rosenbladt. Con el correr de los años, en tanto que mis hijos han crecido, he intentado darles sentido e implementar algunas de las lecciones que aprendí hace mucho tiempo de forma somera. El mentor de Rod en el tema de la paternidad fue el mencionado psicólogo y fundador de la Escuela de Psicología del Seminario Fuller, el Dr. Paul Fairweather. Paul solía decirle a su grupo de hombres: «Imaginamos que Occidente va a caer por falta de combustibles fósiles. Pero no es así; va a caer por falta de padres». En los días del Dr. Fairweather, él veía que semejante estado de cosas podía acontecer. Ahora nosotros podemos decir que está sucediendo o ha sucedido. Paul describía el perdón del padre como la «oscura voz de la empatía»[1]. Describir a un papá es como describir cualquier cosa oscura; a menudo es más fácil señalar a alguien y decir: «Mira, allí, eso es un papá». Uno puede describir algo todo el día y aún así no hacerse una verdadera imagen de lo que es. Si uno tuviera que describir un perro, podría decir que un perro tiene cuatro patas. Si uno ve un perro con tres patas, aún lo llamaría perro, pero muy probablemente diría que es un perro deteriorado. De igual modo, cuando describimos a los papás buscando alrededor algo que apuntar y decir: «Allí, eso es un papá», nos damos cuenta de que hay un problema. El problema es que tenemos un montón de papás con una pata dando brincos y cuesta hallar un ejemplo completo en nuestra cultura.

Por lo tanto, para comenzar, nuevamente miramos la parábola del hijo pródigo. Creo que se pueden examinar al menos cinco ideas de la parábola. Algunas de estas ideas han sido analizadas en mayor detalle en los capítulos anteriores, pero en este capítulo intentaré entrelazarlas en una imagen más completa. Primero, un papá es el modelo de la gracia en el hogar. Segundo, un papá no es una mamá. Tercero, la vida como papá se trata de criar hijos que a su vez sean generosos y benignos. Cuarto, los padres son fuertes modelos de la gracia en el hogar y por ello también son modelos del tipo de masculinidad analizada en el capítulo 2, el cual es sereno, firme, fuerte, y perdonador de un modo generoso y benigno. Finalmente, los papás necesitan ser perdonados tan a menudo como ellos necesitan perdonar.

Un modelo de la gracia

En primer lugar, un papá es el modelo de la gracia en el hogar. El hecho de que creamos que el evangelio es verdadero y que tenemos un padre que envió a su propio Hijo para que nosotros pudiéramos ser sus hijos necesariamente afecta nuestra visión de los padres, y lo mismo ocurre a la inversa. Existe una idea equivocada de que si los niños crecen para ser «malos» es porque no hubo suficiente ley en sus vidas. Pensamos que quizá si sus padres solo hubieran sido más duros con ellos, rigoristas más estrictos, habrían resultado mejores personas. Creo que la verdadera equivocación está en que somos ciegos a la cantidad de ley presente en nuestra vida cotidiana. El mundo nos da muchísima ley, ¡ley en abundancia! Lo que todos necesitan, especialmente las familias y los niños, es gracia. Los padres necesitan recordar que nunca seremos capaces de dar suficiente gracia que compense la cantidad de ley que nuestros hijos reciben en su vida diaria. Simplemente no es posible. Puede que ni siquiera logres apuntarle a la marca cincuenta-cincuenta; estarás en un constante déficit. Necesitamos con urgencia más gracia y más evangelio. Es por esto que el padre del hijo pródigo es una figura tan impactante. Él hace lo inesperado; ofrece gracia cuando nuestra inclinación dice que se necesita más ley.

Gracia no tan barata

Cuando estaba en el séptimo grado, fallé mi primera prueba de confirmación. En ese momento, no estaba tomando muy en serio la confirmación y decidí que no necesitaba estudiar. Fracasé rotundamente. Puede que esto no parezca un gran problema, excepto que mi papá era el pastor de la iglesia y no se veía muy bien precisamente que su primogénito le faltara el respeto al director de jóvenes al no tomar en serio su clase. Cuando subí al auto después de la clase, mi madre estaba furiosa. Mi profesor le había informado que yo había reprobado. Ella dijo: «¡Eres el hijo del pastor y reprobaste la confirmación! ¡Solo espera a que tu padre llegue a casa!». En ese momento me di cuenta de que no solo había fallado en la prueba, sino también a mi papá. ¿Qué iba a pensar la gente de un pastor cuyo hijo no respetaba al personal de la iglesia y no tomaba en serio el aprendizaje de la Palabra de Dios? No habla bien de un pastor el que aparentemente no pueda administrar bien su propio hogar.

Cuando llegué a casa, bajé las escaleras y esperé la llegada de papá con temor, con la incertidumbre de qué me iba a decir. Se podría decir que la ley estaba actuando duramente en mí. Sabía que estaba acabado. Así que estaba bastante ansioso cuando me pidió que subiera para tener una charla. «Supe que reprobaste el examen». «Sí, señor». «¿No crees que deberías haber estudiado más?». «Sí, señor». «Bien. ¿Quieres ir a ver el partido?». «Emmm... ¡sí, señor!».

Ustedes no conocen a mi papá, pero en mi casa, ¡la invitación a ver un partido era tan buena como una absolución! Él nunca volvió a tocar el asunto de mi reprobación. Ni una vez mencionó algo sobre cómo debía actuar el hijo de un pastor en la confirmación. Solo me invitó a ver el partido. Su primer paso fue uno de gracia y no de condenación. De esta forma, quitó el temor de mi relación con él. Desde entonces, supe que no tenía que temer a mi papá cuando me metiera en problemas. Él estaba de mi lado. Sabía que podía confiar en que nunca me trataría con algo inferior a la gracia.

Algunos de ustedes querrían acusar a mi papá de gracia barata o pensar que fue demasiado blando conmigo. Tal vez piensen que solo me demostró que yo podía salirme con la mía sin temor a las consecuencias. Sin embargo, deberían saber que sus acciones produjeron exactamente el resultado opuesto. Su actitud de gracia ha producido en mí, hasta el día de hoy, un gran respeto y admiración por él. Especialmente ahora, cuando crío a mis propios hijos, me asombra que haya podido tratar a mi hermano y a mí con tanta sabiduría y gracia. Solo oro para que yo pueda hacer lo mismo con mis hijos. Además, por si acaso, nunca volví a reprobar otra prueba de confirmación.

Pastor Bob Hiller, MDiv

Al usar la imagen de un padre como modelo de la gracia, no pretendo implicar que una madre no es un modelo de la gracia o que una madre no pueda mostrar gracia. La intención más bien es decir que Dios llama a los padres a involucrarse en la vida de sus hijos de modo que, a través de estos padres, la gracia que él muestra al mundo sea ejemplificada de un modo muy personal e íntimo. La mamá puede mostrar tanta gracia como el papá, y el papá sí necesita disciplinar, pero no tan a menudo como se podría pensar. Es que simplemente el aspecto definitorio no es el poder. Es más como el Nuevo Testamento: el Hijo obedece al Padre porque sabe que la voluntad del Padre es buena. El énfasis aquí está en el llamado o vocación, no en la cualidad, influencia o importancia.

Obviamente, como alguien que fue criado por mujeres, a lo largo de los años he luchado con este concepto. A menudo, como alguien que ama a su esposa con una pasión sin igual a este lado de la gloria, todavía lucho. Pero mi lucha, o tu lucha con estas aseveraciones, no las hace menos verdaderas. El padre fomenta y protege la sensación dentro de la familia de que todo está bien, porque Cristo ha permitido que así sea y él lo sabe. Esta realidad es vocacional y teológica. Vocacionalmente, el rol del padre en el hogar es señalarles a los hijos la liberación que hemos recibido por causa de Cristo mediante palabras y hechos. Cada acto que un padre realiza con sus hijos debe estar orientado hacia la comprensión de esta realidad vocacional y teológica. Según esta mirada, los padres no están llamados a desempeñar el rol de «espera a que tu padre llegue a casa» representado en las comedias de la década de 1950. Los padres más bien están llamados a ser pequeños Cristos, como diría Lutero, para sus primeros prójimos, su familia. Los padres enseñan la gracia y el perdón a la familia, esposa e hijos, con lo que hacen y lo que dicen.

Mamá no es papá

En segundo lugar, y en conformidad con lo anterior, ¡un papá no es una mamá! En otras palabras, si eres padre, no eres una madre con músculos más grandes y una voz más grave. Sin duda mamá necesitará tu ayuda a veces, pero el error está en creer que ser el malo en cada disputa familiar es tu llamado para la familia a tiempo completo. Esta realidad a veces desagradable ocasionalmente te dejará en desacuerdo con tu esposa. La clave está en recordar que no eres tú contra ella, sino más bien que la madre tiene un llamado en la familia y el padre tiene un llamado en la familia, y no son idénticos. Una vez más, esto a menudo me ha impactado extrañamente y a veces me ha tomado por sorpresa. Pero cuando pienso en ello, suelo recurrir a las palabras de Pablo:

> Ahora bien, el cuerpo no consta de un solo miembro, sino de muchos. Si el pie dijera: «Como no soy mano, no soy del cuerpo», no por eso dejaría de ser parte del cuerpo. Y, si la oreja dijera: «Como no soy ojo, no soy del cuerpo», no por eso dejaría de ser parte del cuerpo. Si todo el cuerpo fuera ojo, ¿qué sería

del oído? Si todo el cuerpo fuera oído, ¿qué sería del olfato? En realidad, Dios colocó cada miembro del cuerpo como mejor le pareció. Si todos ellos fueran un solo miembro, ¿qué sería del cuerpo? Lo cierto es que hay muchos miembros, pero el cuerpo es uno solo[2].

¡El papá no es el bíceps! El padre es la cabeza de la familia y, por tanto, así como Cristo es la cabeza de la iglesia, él es la gracia y la benignidad para esa familia. Eso es lo que Dios lo ha llamado a ser.

Gracia y bondad

Tercero, es una idea tremendamente errada cuando pensamos que debemos criar hijos obedientes. Parece más fácil criar hijos que siempre hayan hecho lo que se les dice cuando se les dice. No obstante, cuando este es mi deseo, intento darme cuenta de que este deseo es el Viejo Adán en mí. Este bajo deseo en realidad es el cumplimiento de mis pretensiones santurronas de la ley. Así que me enorgullece decir que pienso que, en general, he ahogado ese deseo pecaminoso lo suficiente como para haber criado hijos que muestran gracia y bondad y saben que son perdonados por causa de Cristo. Hay una conocida cita de Martín Lutero que siempre me ha inquietado. Después de pasar un día lejos de la universidad y con toda su familia, uno de los hijos de Lutero actuó desobediente hacia su padre. La desobediencia de su hijo al parecer persistió hasta el punto de que Lutero se exasperó con su hijo. Lutero entonces exclamó: «Preferiría tener un hijo muerto antes que uno desobediente»[3]. Yo no podría estar más en desacuerdo. Además, si hemos de creer que la parábola del hijo pródigo es un reflejo del amor de Dios hacia sus hijos, tampoco creo que Cristo estaría de acuerdo con esta declaración. La obediencia es tan necesaria como obviamente no natural; a fin de cuentas, todos somos pecadores. Esta es también una de las más insuperables fuentes de sufrimiento. Se ha dedicado una enorme cantidad de pensamiento, escritura y establecimiento de reglas a la pregunta sobre la necesidad de la obediencia y hasta qué punto debería extenderse, y rara vez ha sido impuesta con mano blanda.

Ser papá no se resume en exigir cumplimiento u obediencia; en su nivel más básico, es señalarles a tus hijos al Dios que ha hecho que todo esté bien y salva a los pecadores perdidos por causa de Cristo. Tus hijos son pecadores y siempre lo serán. Ellos fallarán, y te fallarán a ti. Serán desobedientes, arrogantes, y en ocasiones totalmente terribles. Habrá días cuando tú y tu esposa querrán estrangular a sus hijos y castigarlos o enterrarlos hasta que Jesús regrese. No obstante, tú eres un papá. Como papá, eres ese modelo de perdón y la analogía de Dios. El cumplimiento y la obediencia son de la ley. La ley siempre condena. Por lo tanto, el cumplimiento es igual a condenación. ¿Cómo puede un padre ocuparse en la gracia y el perdón si más bien está ocupado en el cumplimiento, que es igual a condenación? No puede.

Es necesario aclarar que esto no significa aprobación tácita de la conducta inaceptable; significa perdón y gracia. Lo que aquí se defiende no es el antinomismo (sin ley); es el ser un modelo en el hogar de lo que es el evangelio, es decir, perdón gratuito del pecado. Los niños necesitan algunas vallas. Pero las vallas que construimos deben estar alrededor de un campo enorme, no un pequeño patio. El amor de un papá se centra en la gracia, pero no es permisividad. Los padres más bien deben ser perdonadores por gracia. Los papás conocen los límites, los cuales mantienen el mundo —y a los niños, si vamos al caso— en orden, y ellos los hacen cumplir. Los papás deben perdonar cuando se traspasan esos límites. Yo tengo altas expectativas de mis hijos sin suposiciones predeterminadas de fracaso. No obstante, cuando soy un buen padre, esas expectativas están templadas con una buena medida de perdón cuando de tanto en tanto llega el inevitable fracaso. Sin embargo, ser perdonador no significa ser permisivo, como un abuelo que dice que todo va a estar bien porque no conoce la profundidad de la depravación de un niño. Un papá conoce demasiado bien las fallas de un hijo, y, no obstante, concede gracia. Y a veces los padres necesitan ser capaces de intervenir y decir: «Vas por un camino peligroso».

Esto es similar a cuando tus amigos dicen: «Oye hermano, vas por un camino destructivo»; se basa en un amor *philia* que es aceptado. No es que no haya límites; se trata más de tener una mirada holística de la vocación de padre. Sé todo lo perdonador que puedas sin ceder a los límites necesarios. Un buen papá es el que realmente conoce al hijo. Esto no se basa en las reglas, sino en la gracia y la libertad. Un papá puede enojarse visiblemente con su hijo porque ese hijo se ha puesto en un grave peligro. El deseo profundo de todo padre pecador es derrumbarlos, aterrarlos de modo que nunca lo vuelvan a hacer. La ley siempre acusa. Nuestra inclinación natural es hacia la ley. Pensamos que el uso, aun excesivo, de la ley nos hará sentir mejor. No obstante, aun si ese es el caso, lo cierto es que no produce realmente en nuestros hijos lo que nosotros pensamos que produce. El teólogo luterano C. F. W. Walther advierte que el predicador —en este caso yo sostendría que el padre— necesita entender dónde está su audiencia. La ley es un canto de sirena porque nosotros somos un desastre tanto como nuestros hijos, y sentimos la necesidad de controlarlos porque sentimos la necesidad de controlarnos a nosotros mismos, pero en realidad no podemos hacer ni lo uno ni lo otro. No obstante, cuando lo predeterminado es la gracia, el niño se dará cuenta de que la disciplina, incluso el enojo, nacen del amor y la protección[4].

Lo reformadores luteranos enfrentaron los mismos argumentos acerca del peligro de decirle al pueblo de Dios que era libre delante de Dios por causa de Cristo. Muchos afirmaban que la ley necesitaba desempeñar un mayor rol en la teología luterana con el fin de «contener» la conducta de los cristianos. Los luteranos se resistieron a este rol de la ley, y algunos se resisten hasta el día de hoy. Los padres también deben resistirse a ello. El reformador luterano Felipe Melanchthon respondió en la *Confesión de Augsburgo* proclamando que las buenas obras fluirían naturalmente del perdón[5]. Si como padres queremos que nuestros hijos sean buenos, generosos o benignos, primero prediquemos, enseñemos y seamos para ellos ejemplos del evangelio de Cristo, que es la gracia y el perdón de Dios. A fin de cuentas, todos sabemos que el cumplimiento no es la gran cosa como parece.

La necesidad masculina

Cuarto, como se discutió en el capítulo 2, es necesario que los padres sean masculinos. A la vez, no es necesario ver la masculinidad como algo malo; ella es más bien aquello que el hombre fue creado para ser... ¡un hombre! Esta imagen va de la mano con que el papá no sea una mamá; es decir, los hombres no son solo mujeres más grandes. A veces los hombres son rudos, bruscos, toscos, insensibles, ofensivos, valientes, atrevidos, descuidados, y serenamente amables. Un hombre suele decir que te ama tanto con sus gestos como con sus palabras. Un hombre te anima a ser aventurero mientras que la mamá te dice que seas cauteloso, y eso está bien. La masculinidad no se trata de que un hombre se quite la camisa y se golpee el pecho. La masculinidad se trata de enseñar las cualidades de un hombre siendo honorable, confiable, valiente y fuerte, y al mismo tiempo bondadoso y perdonador. Ser masculino es difícil. Pero ser masculino es un objetivo loable, no deplorable. Nuestra cultura podría usar algunos otros —probablemente muchos más— hombres masculinos para que se ofrezcan para ser padres.

Por favor perdónanos

Finalmente, los papás necesitan perdón tanto como lo conceden. El perdón para los papás es necesario para sus ocasionales —o incluso frecuentes— fallas en la empatía y el perdón. El ser papá conlleva una presión. Los papás saben que una palabra suya puede desmoralizar a sus hijos. Si la mamá se decepciona, los hijos a menudo sentirán que esa es la situación normal. Hay una historia de un hijo que un día bajó las escaleras y encontró a su mamá en la cocina. El hijo estaba desarreglado e iba saliendo a visitar a un amigo. La madre miró al hijo y le dijo: «Mírate. Tu pelo es un desastre y tu ropa está sucia. Ve a tu pieza a cambiarte y arréglate antes de salir». El hijo miró prontamente a la mamá, le dio un beso en la mejilla, y salió por la puerta, diciendo: «Vuelvo alrededor de las nueve». Al día siguiente ocurrió una situación similar con el mismo resultado. El hijo entendió la decepción de su madre pero se encogió de hombros porque mamá solo estaba siendo mamá. Al tercer día, cuando el hijo bajó la escalera, el hijo se encontró con su padre, quien simplemente dijo: «¿Y así vas a salir?». El hijo se desanimó completamente. Esto es porque los padres, incluso a través de comentarios obscuros, tienen más poder de lo que ellos advierten. Si son desdeñosos, ásperos o crueles, eso puede tener un profundo efecto en sus hijos. Pero un padre que sobre todo muestra gracia puede superar la ocasional falta de empatía y gracia. Con todo, este papá también necesita perdón cuando le falta gracia.

Aunque no lo creas, la carga de ser el modelo de la gracia en el hogar es pesada. Yo he perdido la compostura y he sido autoritario tanto como he sido este modelo idealizado de la gracia, y lo lamento y le pido perdón a toda mi familia. Demasiado a menudo he exigido obediencia cuando debí mostrar misericordia y compasión. Demasiado a menudo he sido la madre con una voz más profunda y bíceps más grandes. Demasiado a menudo he sido suspicaz cuando debería haber confiado. Demasiado a menudo he elogiado el uso de la ley en mi casa en contra de la necesidad del evangelio. Soy papá y soy pecador. Aunque me esfuerzo por ser un modelo de la gracia para mis hijos —y mi esposa, por cierto—, demasiado a menudo soy todo lo contrario.

El perdón también podría ser necesario de parte del mundo que no entiende la gracia ni la disposición a mostrar gracia. El perdón es un asunto aterrador, y la libertad que resulta de él es aún más aterradora. Cuando un padre es perdonador, a menudo su perdón puede ser tenido por injusticia. Él necesita ser perdonado por su aparente injusticia. Recordemos al hijo pródigo:

> Mientras tanto, el hijo mayor estaba en el campo. Al volver, cuando se acercó a la casa, oyó la música del baile. Entonces llamó a uno de los siervos y le preguntó qué pasaba. «Ha llegado tu hermano —le respondió—, y tu papá ha matado el ternero más gordo porque ha recobrado a su hijo sano y salvo». Indignado, el hermano mayor se negó a entrar. Así que su padre salió a suplicarle que lo hiciera. Pero él le contestó: «¡Fíjate cuántos años te he servido sin desobedecer jamás tus órdenes, y ni un cabrito me has dado para celebrar una fiesta con mis amigos! ¡Pero ahora llega ese hijo tuyo, que ha despilfarrado tu fortuna con prostitutas, y tú mandas matar en su honor el ternero más gordo!»[6].

El hijo mayor está disgustado con su padre porque este es demasiado perdonador. Los papás también son pecadores. Ellos deben hacer lo mejor para implementar tanto la ley como la gracia fiel y equitativamente. Pero el evangelio no es equitativo, y a veces encuentra a las personas cuando están en su propia santurronería y mojigatería y las golpea directo en el trasero. Si un papá es el modelo de la gracia en el hogar, él, como el padre de este relato, necesitará el perdón de quienes lo rodean cuando él perdone. Cuando enfrentamos esta oposición como padres, nuestra respuesta tiene que ser la misma que la del padre en la parábola: «Hijo mío, tú siempre estás conmigo, y todo lo que tengo es tuyo. Pero teníamos que hacer fiesta y alegrarnos, porque este hermano tuyo estaba muerto, pero ahora ha vuelto a la vida; se había perdido, pero ya lo hemos encontrado»[7]. Esto es perdón sobre perdón.

Yo necesito perdón, porque soy papá. Intento, y fallo. Mi modelo es un modelo que me presentó nuestro Señor, y él hace lo que yo a menudo lucho por hacer: amar incansablemente. Solo tengo una confianza: soy salvo solo por causa de Cristo. Habiendo hallado ese perdón en Cristo, ahora soy libre de la ley que me ata. Soy libre para ser perdón para aquellos que Dios ha puesto a mi cuidado. Soy libre como hombre para ser un hombre fuerte, bondadoso y masculino. Soy libre como esposo para amar a mi esposa y desear su amor y afecto a cambio. ¡Pero soy papá! Al ser papá, soy libre para ser lo que Dios me ha llamado a ser para mis hijos: un modelo de su gracia en mi hogar. Agradezco a Dios cada día por haberme concedido el don de ser un tenue reflejo de su amor para mis hijos, y le pido su perdón para cuando fallo.

Mi oración es que el perdón que él derrama cada día abundantemente sobre mí se refleje a través de mí a mis hijos, no como debería, sino como sea capaz, para que cuando mis hijos me miren como su papá puedan imaginar a un Dios que es como su papá pero mucho más. Esta es una analogía del ser. Sé que la relación entre un buen padre y sus hijos no es simplemente como la de un Dios de amor con su pueblo. Pero también sé que tampoco es totalmente distinta a esa relación. Sé que ser un buen padre puede ser una imagen imperfecta del amor, el perdón y la aceptación que recibimos de Dios por causa de Cristo. Y esa es la razón por la que ser papá es tan sumamente importante.

Perdón para papás también

De manera especial para la segunda edición, ¡quisiera invitar a los papás a recordar que el perdón de Cristo también es para ellos! A menudo el mensaje de *Ser papá* se toma como ley y no como evangelio. Una vez más, me parece que esto es desafortunado. El mensaje del perdón de un papá para sus hijos solo es posible porque nosotros, como padres cristianos, nos apoyamos sobre el perdón que se nos ha concedido solo por causa de Cristo. Todo lo que tenemos en esta vida y en la venidera se debe al amor de Dios por nosotros por causa de Cristo. Por favor, recuérdalo. Por favor, ten presente que, tanto en tus éxitos como en tus fracasos como padre, como papá, Dios te ama por causa de Cristo. Por favor ten presente que Dios te perdona en Cristo por tus fracasos como papá, tu falta de empatía, tu falta de perdón, e incluso tus bienintencionados intentos que, no obstante, han fallado. El fracaso es cien por ciento parte de *Ser papá*. Así que mi oración es que estas palabras hagan eco en tus oídos: ¡estás perdonado!

CAPÍTULO 6

El reino mágico

La vida familiar es la más «comprometida»
  del mundo.
Solo hay un aventurero en el mundo,
tal como pueden verse muy claramente en el mundo
  moderno,
el padre de una familia.
Aun los aventureros más desesperados no son nada
comparados con él.

—Charles Péguy, poeta francés

Una palabra de advertencia: aunque este capítulo comienza con conceptos técnicos, estos son necesarios con el fin de ligar muchas de las afirmaciones teológicas de este libro. Si me acompañas, hacia el final del capítulo aterrizo las cosas nuevamente.

Solo un poco de magia

Un poco de magia logra bastante. El reino de Dios es un reino mágico; magia escondida en la vida, muerte y resurrección de Cristo. la historia de Cristo es la historia del evangelio, o la Buena Noticia que suena demasiado buena para ser cierta. Descubrir que la historia es verdadera es mágico. Los hijos necesitan encuentros ocasionales con esta magia con el fin de correr la cortina y captar un atisbo de lo que Dios tiene guardado para ellos en Cristo. El mensaje de que Dios murió para salvarnos mientras aún estábamos en guerra con él es un mensaje mágico. «Pero Dios demuestra su amor por nosotros en esto: en que cuando todavía éramos pecadores, Cristo murió por nosotros»[1]. Esta magia se revela en la gracia del único Dios verdadero mediante la persona y la obra de su Hijo, nuestro Salvador, Jesucristo. Esta es nada menos que la historia que parece tan excelente que desafía la capacidad de creer. Los niños necesitan ver y escuchar ocasionalmente historias que son similares a esta, historias que parecen demasiado buenas para ser ciertas, pero realmente son ciertas. También ellos necesitan tener experiencias que los conduzcan a encuentros con momentos que parezcan que son tan buenos y tan adecuados que deben estar equivocados. Descubrir que está sucediendo algo que a uno le parece demasiado bueno para ser cierto es magia.

Una útil analogía

La magia que un buen padre trae a la vida de sus hijos no es igual que lo que Dios nos ha mostrado en Cristo; pero es una analogía significativamente potente de ello. En términos teológicos, esto se denomina *analogia entis*, o analogía del ser, algo que provee una comparación entre dos proporciones. El gran pensador y teólogo Tomás de Aquino ha provisto cierta ayuda en nuestro intento por determinar de qué manera se nos revela Dios[2]. La lucha está en nuestra incapacidad de expresar o aprehender la grandeza y la magnitud de Dios. Aquino afirmó que, cuando intentamos explicar a Dios, nuestro lenguaje humano no es unívoco (usar la misma palabra de la misma manera exacta) ni equívoco (usar la misma palabra de formas diferentes). En lugar de eso, cuando a nuestro pobre modo intentamos analizar y entender lo que Dios es o cómo es, usamos lenguaje analógico y definiciones denotativas. A modo de ejemplo, cuando digo «Dios es bueno» y «mi papá es bueno», no quiero decir exactamente lo mismo. Como dice la Escritura, Dios es bueno de un modo totalmente único; un modo que, en general, está más allá de nuestra comprensión de la palabra «bueno». No obstante, cuando digo «mi papá es bueno», tampoco quiero decir algo que sea totalmente contrario a lo que significa la expresión «Dios es bueno». Más bien estas dos afirmaciones significan algo de manera analógica. Es decir, estoy usando una analogía para hacer entender un punto o señalar algo o a alguien; en este caso, un buen padre.

Nuestra experiencia con los buenos padres tiene el propósito de señalarnos a Dios el Padre. Dios nos muestra un vislumbre de sí mismo cuando nos concede el regalo de un buen padre terrenal. En este caso es la noción de que el propio ser, o *entis,* de un buen padre ofrece una analogía por la cual comprendemos de una manera limitada, casi como una nebulosa imagen de Dios. Un niño puede señalar a un padre que es bueno y decir que Dios de alguna manera es así.

En el centro del universo de un niño está el Padre, y él hará que la magia suceda. Él se asegura de que todo esté bien y que los hijos sean legítimos a sus ojos, y su deseo es el bienestar de ellos. El suyo es el reino mágico, y él cumplirá sus promesas. Los padres son una imagen o analogía de Dios para sus hijos. Los buenos padres terrenales igualmente cumplirán sus promesas al final. Y los fragmentos de magia y experiencias mágicas que ellos proveen reflejan el amor de Dios.

Arquetipo, folklore y mitología

Esto tiene similitud con la idea de un arquetipo de Jung. El psicólogo Carl Jung postuló una teoría de que en el interior de todos nosotros radica una idea del bien último . Las ideas de Jung han sido extrapoladas y expandidas por varios estudiosos. J. W. Montgomery, en *Myth, Allegory, and Gospel,* relaciona de manera muy notable las ideas de Jung con la verdad de la postura cristiana[4]. Montgomery plantea que en los clásicos literarios hay multitudes de «figuras de Cristo» disfrazadas. No obstante, Montgomery advierte que esto no se debe exagerar. Existe una tensión automática entre los personajes imperfectos y el Cristo histórico. La verdad está grabada en el corazón humano de forma indeleble. Pero nosotros, como pecadores, suprimimos este hecho. Esto es lo que dice Pablo: «Ciertamente, la ira de Dios viene revelándose desde el cielo contra toda impiedad e injusticia de los seres humanos, que con su maldad obstruyen la verdad»[5]. No obstante, este conocimiento emerge a través de patrones simbólicos, y como folklore «burbujea». Pero a veces la literatura puede reflejar el relato cristiano y gatillar una aceptación consciente de este. La psicoterapia analítica de Carl Jung identifica tales «arquetipos». Estos motivos pueden hallarse en las religiones más ampliamente diversas. El ser humano mira hacia el principio y el final de la historia al concepto de «paraíso».

La mitología y los cuentos populares están especialmente cargados de significación arquetípica. Hay similitud en la colección de mitos de todo el mundo: el tema de un diluvio y la muerte de monstruos por parte de un héroe foráneo son casi universales. Si están bien hechos, alcanzan a los rincones más profundos de nuestro ser y señalan a Cristo, quien ha cumplido los mitos y leyendas del mundo. Incluso el poeta estadounidense Robert Bly ha advertido el poder del mito. En su libro *Iron John*, Bly señala: «Las historias de hadas son el principal regalo que hemos recibido del mundo antiguo preliterario. Son más salvajes que las ideas de Aristóteles, más profundas que las quejas de Lutero, más llenas de verdad que la prosa de Montaigne, con toda su grandeza»[6].

La idea de un buen padre está demasiado cargada de significación arquetípica que señala al Padre, quien ahora está preparando un lugar para sus hijos en su mansión. ¿Quién vendrá a rescatarnos al final? ¿Quién los salvará a todos cuando toda esperanza parezca perdida? ¿Quién enmendará lo que parece tan torcido? ¿Quién nos libertará a un mundo mejor? El Padre lo hará. Esto es, una vez más, lo que vuelve tan potente la historia del hijo pródigo; contiene una profunda significación arquetípica para nosotros. El padre en la parábola de Jesús es el padre que todos anhelamos en lo profundo, aquel que conocemos sin saber, y que salimos del vientre tratando de escuchar con tanta atención.

¿Cómo, pues, se hace esto? El primer paso es que los padres se den cuenta de que son como Dios para sus hijos. Cuando un niño mira a su padre, ve un creador, proveedor, protector, y redentor; no como una imagen perfecta, sino como la comparación nebulosa antes mencionada. En sus registros, *When Good Fathers Die It Is Always Too Soon*, Rod Rosenblatt produce un encantamiento en su audiencia al contarles historias sobre la magia que su padre trajo a su vida . Pero también observa que incluso la paternidad normal es mágica para un niño. Como mencioné anteriormente, nunca conocí a mi padre, así que estos momentos mágicos en mi caso provinieron de parientes varones, padres de amigos, y finalmente mentores como Papá Rod. En la vida de mis hijos, no puedo decir que recuerde haber sido «mágico», pero sí recuerdo ser simplemente su papá. También recuerdo algunas tradiciones mágicas por las que los conduje durante este tiempo. Compartiré algunas de estas historias brevemente.

Eucatástrofe

En la literatura y el cine hay un concepto llamado eucatástrofe. Eucatástrofe es un término inventado por el filólogo y narrador popular J. R. R. Tolkien en su no tan conocido ensayo *On Fairy Tales*[8]. Él usó este término para describir el inesperado giro en los acontecimientos que ocurre al final de una historia. Este vuelco a menudo asegura que el personaje principal no encuentre algún destino terrible, inminente y probablemente desastroso. La palabra está formada por la combinación del prefijo griego *eu*, que significa «bueno», con nuestra palabra *catástrofe*. En el uso de Tolkien y otros, el término señala el desenlace o conclusión de la trama de un drama. Usado de forma apologética, el término connota una comprensión más profunda que va más allá de su significado literal. Se refiere a la eucatástrofe última que es la vida, muerte y resurrección de Cristo, la cual dio un giro a la trama de la historia del mundo. Por lo tanto, se refiere a nuestra salvación. En la literatura y el mito, una eucatástrofe acontece cuando el autor revela a la audiencia que la última carta jugada será el punto de inflexión definitivo donde finalmente se gana la redención: el príncipe irrumpe en medio del reino usurpado por la malvada bruja. Él derrota a la bruja y rompe el maligno hechizo que ha mantenido a la princesa y su reino en cadenas por más de un siglo.

Un buen padre concede este rescate. Él es una eucatástrofe para sus hijos cuando irrumpe y libera a la madre de un día de guerra intentando evitar que los hijos se maten entre sí y destruyan la casa. Los niños se identifican con esto porque necesitan un rescate de la monotonía de la vida cotidiana tanto como la princesa de *La bella durmiente* necesitaba un rescate en el castillo. Los niños son liberados, y también lo es la madre. El rescate que provee el papá le concede a la mamá un merecido descanso. Tales cosas son mágicas. En la eucatástrofe de las liberaciones aun ocasionales de un buen padre vemos una breve visión de que la respuesta a nuestro verdadero problema puede ser más grande; puede ser un lejano destello o eco del *evangelium* (la Palabra) en el mundo real.

Al aproximarnos a la historia cristiana como algo real, deberíamos esperar ver reflejos de esa historia en el mundo que nos rodea. No debería sorprendernos observar estos reflejos en el arte, la literatura, la música y el cine. Dios nos redimió a nosotros, criaturas corruptas, de una forma que reconocemos a través de cosas familiares en este mundo; es decir, a través de un hombre, el Cristo encarnado. En consecuencia, el mensaje del evangelio es al mismo tiempo una historia conocida pero extraña. Es una historia que reconocemos en nuestras regiones más profundas pero sentimos que es demasiado buena para ser cierta. En este sentido, es tan hermosa y artística en su propia naturaleza que es casi mitológica; que es una historia de una clase más grande. No obstante, esta historia es verdadera.

Por lo tanto, el mensaje del evangelio es la más completa de todas las eucatástrofes posibles. Además, este relato ha entrado en nuestra historia y ha acontecido en el tiempo real y el espacio real. Sus sucesos son localizables tanto temporal como geográficamente. El nacimiento de Cristo realmente sucedió, y, no obstante, se siente demasiado bueno para ser cierto. La crucifixión de Cristo realmente ocurrió, pero se siente demasiado triste y desesperada para tratarla como un hecho. La resurrección de Cristo es cierta, como lo atestiguan los apóstoles y más de 500 personas en una ocasión, pero contenemos la respiración la mañana de Pascua queriendo desesperadamente responder cuando el pastor dice «Cristo ha resucitado», a lo cual replicamos gloriosamente: «¡En verdad ha resucitado, aleluya!». La resurrección es ese momento kairótico después que nuestras esperanzas, que se habían deshecho en la desesperación de la cruz, se levantan con Cristo en la esperanza de su propia resurrección. La resurrección realmente es la eucatástrofe de nuestra historia y la suya. Es una historia que comienza con gozo, prueba nuestra confianza en el medio, y concluye en algo demasiado bueno para ser cierto. Como dijo Tolkien: «Jamás se ha contado una historia que los hombres quisieran descubrir que era cierta, y ninguna que tantos hombres escépticos hayan aceptado como verdadera por sus propios méritos»[9].

Una vez más, su naturaleza como verdad primordial nos lleva a buscar sombras de esta liberación en nuestro mundo. Dios ha llamado a los papás a ser eso precisamente. Dios ha llamado a los padres a ser dadores de gracia y crear situaciones que son demasiado buenas para ser ciertas. Si un papá proporciona algunos de estos momentos para sus hijos, a estos les resultará mucho más fácil aceptar la verdad y el valor de la historia de su Dios y Salvador, que también parece demasiado buena para ser cierta.

Momentos mágicos

Entonces, ¿cómo creamos estos pequeños momentos de magia? Me fascinan las películas. Las películas pueden ser un repentino atisbo de lo que debería ser. Creo que en las películas hay magia. ¿Es verdadera esta magia? La respuesta es sí, si el autor y el director han armado bien la historia. A través de los años he intentado verter parte de esta magia en mis hijos. Tengo en mi mente la imagen de mi hijo mayor Caleb, a los cuatro años, esperando conmigo en la fila a media noche para entrar a ver *La guerra de las galaxias Episodio I: La amenaza fantasma*. Su cara brillaba mientras los asistentes mayores lo miraban como si debiera estar profundamente dormido en la cama, y a mí como si debiera darme vergüenza por tenerlo despierto tan tarde. ¡Esa noche fue mágica! Hicimos la fila, comimos cabritas de maíz, y bebimos gaseosa hasta que casi nos enfermamos. Vimos a Obi-Wan Kenobi derrotar al malvado Darth Maul y hablamos todo el camino a casa sobre lo increíble que estuvo. Cuando lo metí en la cama esa noche, sabía que él nunca iba a olvidar aquella pequeña dosis de magia. Pero yo no lo hice para que él pensara que era magia. Más bien lo llevé porque lo amo y quería compartir con él algo que yo disfruto. Es la libertad del compartir abiertamente, el escape, la liberación de las percepciones de la ley, y el tiempo juntos en amor fraternal que nos unió y lo encamina a él a buscar más.

A través de los años de crianza de nuestros hijos, he formado este hábito de asistir al prestreno de medianoche de las películas, una tradición que trae un poco de magia a nuestras vidas. Esto es parte de la magia de ser un padre para mis hijos, aunque a veces ha causado cierto conflicto matrimonial. Algunos de mis recuerdos más memorables son estar en la fila para ver las películas del Hombre Araña con mi hijo menor, Joshua, a quien desde una temprana edad lo llamamos Hombre Araña porque trepaba a todas las cosas todo el tiempo. Él era muy pequeño y estaba vestido de pie a cabeza como el Hombre Araña esperando en la fila a medianoche. Incluso a través de la máscara podía ver su sonrisa de oreja a oreja, y también la veían los demás. Hasta el día de hoy, cada vez que vamos a ver una película de Marvel en la noche, mi hija, Autumn, se disfraza de un personaje. Creo que esto se llama LARP en inglés (acrónimo de «juego de rol en vivo»). Por ñoño que pueda ser, tales momentos son mágicos para ella incluso siendo adolescente.

Esto no debería ser tan difícil como solemos hacerlo. Más bien es solo parte de recordar cómo era ser niño. La vida de los niños está llena de tantas cargas cotidianas como la nuestra, quizá incluso más. Los padres tienen que recordar lo fantásticas que se sentían para ellos las ocasionales liberaciones de esas cargas. Al recordar, puede que tengan el deseo de crear escapes secretos. Créeme, como alguien que una vez fue un niño, cuando digo que quedarse fuera hasta las 2:00 a. m. con el papá, mientras la mamá se preocupa en casa, para ver la película más emocionante ¡es mágico!

Por favor intenta decir sí

Otra forma en que un buen padre trae magia es darles a sus hijos un inesperado y a veces aterrador o peligroso sí. Roald Dahl tiene una divertida breve rima en *Los minpins*:

> La madre del pequeño Billy siempre le decía exactamente qué se le permitía hacer y qué no. Todas las cosas que se le permitía hacer eran aburridas. Todas las cosas que no le estaban permitidas eran emocionantes. Una de las cosas que NUNCA, NUNCA se le permitía hacer, la más emocionante de todas, era salir por la puerta del jardín solo y explorar el mundo más allá. Y, sobre todo, mira con ojos brillantes todo el mundo a tu alrededor, porque los mayores secretos siempre se esconden en los lugares más inesperados. Quienes no creen en la magia nunca la hallarán[10].

Viajes de ruta

Algunos de mis recuerdos más preciados se forjaron en el camino abierto, de copiloto con mi padre hacia alguna aventura. Estas aventuras iban desde épicos viajes de skateboard al Vans Skatepark en Milpitas, California, hasta travesías académicas a la Universidad Concordia para reunirnos con profesores como el Dr. Rod Rosenbladt. Estos viajes de ruta no eran vacaciones familiares sino más bien dulces escapadas que yo disfrutaba personalmente con mi padre. Estas aventuras contribuyeron de muchas formas a moldearme y definirme como persona.

Las conversaciones que tuvimos mi papá y yo afuera en la ruta potenciaban la emoción del destino que nos esperaba. En el automóvil, aprendí a cuestionarlo todo. La plática de la radio rellenaba como el ruido blanco detrás de nuestras conversaciones, y a menudo estimulaba el nuevo tema del momento. Durante estas conversaciones, no solo aprendí lo que mi papá creía en cuanto a teología, ética y política, sino que además se me dio una voz para cultivar mi propia comprensión del mundo. Mi padre no dejaba que mis idas quedaran sin ser cuestionadas; yo tenía que defender lo que decía, y si no podía presentar una defensa por mi propia cuenta, mi padre me guiaba a las respuestas que yo buscaba. Ten en cuenta que no estoy hablando de mí como un adolescente mayor; puedo recordar estos viajes acompañados de conversación tan atrás como cuando apenas tenía cuatro años. Estas conversaciones me prepararon para el final de nuestro viaje.

Ya fuera sobre cómo tomar la línea correcta en mi skate, cómo conquistar mental y físicamente el siguiente triatlón, o cómo sentarme a hablar con académicos, mi padre me preparó conversando conmigo como con un adulto. De esta forma, los viajes de ruta con mi padre fueron libertad y fragmentos de magia. Yo no estaba confinado a las limitaciones de la infancia; se me dio respeto y una voz para ser mi propia persona, cuestionar el mundo, y aprender de esas preguntas.

Mi papá no solo fue mi mentor que me entrenó en todos los ámbitos de la vida; fue mi mejor amigo. Podía confiarle mis pensamientos más profundos y recibir consuelo. Esta es una relación que se mantiene hasta hoy, pues constantemente trato de hacer un espacio de tiempo con mi padre entre mis clases y su horario de trabajo. La relación tanto de maestro como de amigo creó en mí un anhelo que no quería otra

cosa que ser adulto. El respeto que mi padre infundía no solo
en mí sino en sus pares, así como la alegría que compartía,
eran mágicos. Yo quería convertirme en experto en todas las
cosas, la presencia de autoridad y una fuente de alegría para
quienes me rodeaban. Puedo decir felizmente que ese sueño
se está haciendo realidad por medio de la orientación de mi
padre comenzando con los mágicos viajes de ruta y ahora
mientras estudio en Concordia.

Caleb E. Keith

La madre se preocupa por la seguridad de sus hijos. Ella dice
legítimamente que ciertas cosas no están permitidas. Pero el padre
recuerda la sensación de libertad y aventura que alguna vez le brindaron
sus propios momentos levemente peligrosos y dice sí. El padre puede
traer esta magia diciendo lo impensable e inesperado, y liberando al
hijo para que explore y confiando en que este volverá a salvo.

Cuando Caleb era muy pequeño, Joy y yo lo llevamos a Legoland
cuando este acababa de abrir. Uno de mis recuerdos más nítidos es el
de la pista de carreras donde los niños podían recibir una «licencia
de conducir» y manejar sin compañía por la pista. Caleb quería
hacerlo con todo su ser. Era un poco preocupante porque la edad
mínima era cinco años, y Caleb recién había celebrado su quinto
cumpleaños días antes. Además, como nuestros hijos siempre eran
pequeños para su edad, él apenas alcanzaba la altura requerida si
se paraba en la punta de los pies. El consejo más sabio y cauteloso
habría dicho que era demasiado joven y pequeño para hacerlo; de
hecho, tuve que alegar quince minutos con el asistente para que lo
permitiera. Pero el hecho de que yo efectivamente alegué, él obtuvo
su licencia de conducir, y realmente condujo fueron las cosas que
hicieron mágico ese día. Todavía tiene esa licencia colgada en algún
lugar; la vi no hace mucho tiempo.

Pequeñas escapadas

Para los niños, las pequeñas escapadas son grandes escapadas. Hace
algunos años, afrontamos difíciles momentos financieros. Yo estaba
trabajando en mi tesis doctoral en casa mientras mi esposa trabajaba

para una empresa local en el norte de Nevada. En ese momento, nuestros tres hijos eran educados en casa. La educación en casa es genial si se puede sacar adelante como familia, porque concede libertad para aventuras mientras todos los demás sufren bajo la monotonía del moderno sistema escolar. Este año en particular, Joy y yo decidimos darles a los niños pases anuales de esquí para Navidad (vivimos en el área Lake Tahoe). Ahora bien, estábamos prácticamente en bancarrota y no podíamos pagar pases a uno de los centros más grandes y prestigiosos. Pero juntos efectivamente nos las arreglamos para reunir el dinero suficiente para comprar pases al centro municipal local donde los chicos habían estado esquiando desde que todos estaban en kindergarten. Así que lo convertimos en tradición. Cada lunes, miércoles y jueves cargábamos el Honda Accord de diez años y nos dirigíamos a la cercana montaña. Los niños esquiaban en las pequeñas pistas que conocían bien, y yo me sentaba en la cabaña y escribía acerca de Felipe Melanchthon. (Puede que también haya bebido una o dos cervezas). Esto implicaba mucho trabajo para mí y, francamente, también para mi esposa Joy. Estos tiempos eran fragmentos de magia para los niños. En el panorama general de las cosas, no es un gran punto de inflexión en la vida perderse una pequeña tarea con el fin de esquiar un poco. Pero para los niños que se sientan todo el día en casa con el papá como capataz y la mamá como la institutriz, escaparse a la montaña a esquiar puede ser tan significativo como cuando Sam y Frodo escapan del Monte del Destino. En el caso de mis hijos, su llamado de liberación era mi voz a las 7:00 a. m. diciendo: «Preparen sus cosas. Nos vamos a esquiar». Desde los dormitorios salían gritos de alegría mientras unos ojos cansados se restregaban para encontrarse con un día, no de deberes, sino más bien de liberación y bondad.

Tales momentos son mágicos para los niños. A través de estos momentos, aprenden que lo demasiado bueno para ser cierto puede ocasionalmente ser cierto. Los niños aprenden a buscar estos momentos e incluso a esperarlos. Este tipo de expectativa de parte de los hijos no es impaciencia ni un derecho. Más bien es esperanza. La esperanza es esa cosa en nuestro interior que busca redención, libertad y salvación. Si uno nunca encuentra esperanza en la vida cotidiana, nunca esperará hallarla en ningún lugar. Si nunca hay un libertador del mundo real, ¿cómo puede ser cierto que alguien libere del pecado, la muerte, y el poder del diablo? Puede que sea cierto, pero ¿lo esperaremos, lo buscaremos, o creeremos en ello, en él, cuando lo encontremos? Proveer estos momentos mágicos es esencial para un buen papá. Este tipo de eucatástrofe realmente es una parte esencial de lo que significa ser papá. El desligarse de los deberes rutinarios de nuestra existencia diaria con el fin de experimentar liberación para lo bueno es parte de ser papá. Las vacaciones, los viajes de pesca, viajar en el asiento delantero del auto, todo esto proporciona momentos de magia y liberación. Pienso que subestimamos inmensamente la naturaleza apologética de las pequeñas cosas que los papás hacen cada día.

La fiesta del padre

La fiesta organizada por el padre al final de la historia del hijo pródigo es un ejemplo de esto. Nadie esperaba la fiesta. La fiesta es realmente innecesaria. Sin duda habría bastado con que el padre hubiera recibido al hijo nuevamente. ¿Por qué era necesario hacer fiesta? Era necesario marcar el repentino vuelco de la situación con un evento de máximas proporciones. La fiesta fue mágica. No se escatimaron gastos. No se perdió tiempo. El joven hijo necesitaba ser liberado del desastre en el que se hallaba, y no había mejor forma de dar a conocer su liberación que haciendo fiesta. A menudo nuestra salvación se describe de esta forma. Se dice que seremos invitados a un banquete inesperado. «Sobre este monte, el Señor Todopoderoso preparará para todos los pueblos un banquete de manjares especiales, un banquete de vinos añejos, de manjares especiales y de selectos vinos añejos»[11]. «"¡Alegrémonos y regocijémonos y démosle gloria! Ya ha llegado el día de las bodas del Cordero. Su novia se ha preparado, y se le ha concedido vestirse de lino fino, limpio y resplandeciente". (El lino fino representa las acciones justas de los santos). El ángel me dijo: "Escribe: '¡Dichosos los que han sido convidados a la cena de las bodas del Cordero!'". Y añadió: "Estas son las palabras verdaderas de Dios"»[12]. El hijo solo había hecho el mal. No tenía sentido que el padre lo recibiera otra vez, y menos sentido aún que hiciera una fiesta aparentemente para celebrar la mala conducta del hijo. Pero la fiesta era la señal de liberación que el hijo necesitaba para saber que todavía era un hijo y no un sirviente perdonado. Papá Rod contaba una historia que siempre me recuerda esto. Él la cuenta así:

> Después que obtuve mi licencia de conducir, heredé el viejo Buick de cuatro puertas de mi papá para viajar a la escuela. Era un auto «de ocho cilindros», lo que significa que tenía un capó larguísimo. Yo me había comprometido con una fraternidad de la escuela secundaria y me habían aceptado. A los nuevos aceptados se les permitía «saltarse» una reunión y dejar pistas por la ciudad sobre dónde se ocultaban. Había cinco chicos conmigo en mi Buick, todos borrachos. Salí cuidadosamente de una «esquina ciega», y en el momento en que vi el Ford 57 que venía hacia nosotros, mi larga punta frontal ya estaba bastante entrada en el carril. El otro auto nos golpeó y por lo que vi solo perdió la carcasa de un foco, pero mi Buick por así decirlo «quedó hecho pedazos» con el impacto. Llamé a mi papá y le conté que había tenido un accidente. Él me preguntó si estábamos todos bien y dónde estábamos. Yo respondí: «De hecho, a unas pocas cuadras de la casa, papá. Pero estamos todos borrachos». Él replicó: «Quédense donde están. Haré que remolquen el auto y voy a recogerlos a todos». Más tarde, después de enviar a todos los chicos a sus casas, entramos a nuestra casa. Él [sabiamente] le dijo a mi mamá que nos dejara solos, y fuimos a un área privada de la sala de estar. Me preguntó como estaba, y yo respondí: «Estoy temblando». Él me dijo: «Es el shock. Ya va a pasar». Yo estaba llorando, consciente de que lo que había hecho era «pasarse de la raya» para cualquiera. Puso su brazo alrededor de mis hombros y dijo: «¿Sabes lo que creo que te hace falta? Creo que te falta un auto nuevo. Ve a mirar esta semana, a ver qué encuentras, y yo también voy a echar una mirada en mi hora de almuerzo». ¡Y ese fue el final de todo el episodio!

En esta historia, Rod solo había hecho lo malo. Estaba ebrio, había puesto en peligro la vida de todos los que iban en el auto, y arruinó su auto definitivamente. No tenía sentido que su padre lo perdonara, y menos sentido aún que respondiera con gracia comprándole un auto totalmente nuevo. Pero el auto nuevo era la señal de liberación. Rod necesitaba saber que todavía era un hijo y no solo un compañero de casa aceptado a regañadientes. Para Rod, el auto nuevo era el equivalente al anillo para el hijo pródigo, que significaba que él era hijo de su padre verdaderamente y para siempre. Como ha escrito Rod todos estos años más adelante en los epílogos para este libro: «¡La gracia es una re-concesión de la totalidad de la herencia después de

una embarrada monumental! Es aun más grande que la misericordia».
Como ha dicho a menudo mi amigo Kurt Winrich: «La misericordia
es *no recibir* lo que se merece; cancela la deuda de un millón de dólares.
La gracia es *recibir* lo que *no se merece*; llena la cuenta vacía con un
millón de dólares». ¡Rod te dirá que fue la gracia del papá aquel día lo
que lo hizo teísta!

Hace poco asistí a una conferencia teológica Mockingbird[13] en
Nueva York. Durante una de las sesiones introductorias, el capellán
de la conferencia, el Rev, James G. Munroe, contó una conmovedora
historia acerca de su papá. Esta es la historia:

Una de mis mejores amigas es mi hermana. Pero cuando yo
estaba en cuarto año de la escuela y ella en segundo, yo diría que al
amor sacrificial y abnegado no estaba en el centro de nuestra relación.

Una tarde, después de la escuela, ella y yo estábamos peleando
en el rellano del segundo piso de nuestra casa. Yo le di un puñetazo
en el estómago. Ella abrió su boca para llorar. Y en ese momento, sin
pensar, tomé una lata de spray que había sobre una mesa.

Algunos de ustedes que tienen cierta edad recordarán cuando
todavía era legal usar DDT en el jardín. Para ustedes los más jóvenes,
DDT era un insecticida tan peligroso y venenoso que finalmente lo
prohibieron.

Cuando mi hermana se disponía a llorar, le pegué la lata a la
cara y le rocié DDT en la boca. En ese momento, apareció mi mamá
en la sala. Ella vio lo que pasó, tomó a mi hermana, bajó corriendo la
escalera y salió a la calle, hizo parar el primer auto que apareció, subió
y se fue a toda prisa al hospital.

Yo me fui a mi habitación, me senté en la cama, y esperé. Esperé
el final, que no estaba muy lejos. Después de una media hora, se abrió
la puerta del frente. Escuché pasos en la escalera, pasos que sabía que
eran de mi padre. Sabía que la segunda venida apocalíptica y el juicio
final estaban a punto de acontecer, y que yo lo merecía totalmente.

Mi padre entró en mi dormitorio y se quedó parado en la puerta.
Vio la culpa, la desesperación, la angustia y la vergüenza en mi cara.
Luego hizo algo que ha afectado mi vida permanentemente. Simplemente abrió los brazos. Yo rompí en llanto y corrí hacia él como una
flecha, y el me envolvió en sus brazos.

Puedo sentir esos brazos en este momento. Y yo sé de quién son
los brazos realmente. Son los brazos con unas manos con cicatrices
de clavos.

Un sacerdote en cada hogar

Lutero afirmó una vez que el padre (y también la madre) es un sacerdote en su propio hogar[14]. Un sacerdote es aquel que hace los sacrificios y trae el milagro o la magia, el sí inesperado, el repentino vuelco en los hechos, y la impensada redención del pueblo. El padre efectivamente desempeña ese rol para sus hijos. Si tuviste un padre, cuéntales a tus hijos una historia acerca de ese hombre. Si eres padre, recuérdales a tus hijos que tú te acuerdas de cómo fue ser niño y experimentar la maravilla de pequeños actos de magia, la Navidad cuando recibiste el regalo inesperado. Las vacaciones sorpresivas o el prestreno de media noche de tu película favorita son mágicos para los niños. Dales a tus hijos pequeños atisbos de los puntos de inflexión que les dirán que al final todo estará bien. Al hacerlo, el pequeño mundo mágico que establece un buen padre es un anticipo del supremo reino mágico por venir.

CAPÍTULO 7

El hogar del padre

Así como cada hombre normal desea una mujer,
e hijos nacidos de una mujer,
cada hombre normal desea una casa donde ponerlos.
No quiere un mero techo encima y una silla debajo;
quiere un reino objetivo y físico;
un fuego donde pueda cocinar la comida que le gusta,
una puerta para abrirla a los amigos que escoge.
Este es el deseo normal de los hombres.

—G. K. Chesterton,
The Wildness of Domesticity

Un lugar seguro

La idea de hogar de Chesterton es mi idea del cielo. Mientras escribo este libro, estoy pensando en el estado el hogar. No me refiero a las constantes tareas de mantenimiento, las cuales parecen inacabables cuando uno posee una casa. Tampoco me refiero a la interminable lista de quehaceres con la que debe lidiar cada casa y cada persona en la casa en alguna medida. Más bien estoy contemplando el estado actual del hogar en nuestro mundo moderno. ¿Por qué el hogar es tan dulce, como dice el viejo dicho?

Pienso que, en toda mi reflexión, de lo que me he dado cuenta es que el hogar es el lugar primordial donde uno se involucra, interactúa, y comparte la vida con la propia familia. En consecuencia, un hogar es un reino para cada hombre en el sentido de que para cada hombre bueno y cada esposo y padre bueno, el hogar es un hábitat psicológico, físico, ético, intelectual y ciertamente espiritual donde ellos no tienen restricciones y por tanto son libres. Es en esta libertad que uno descubre que ellos realmente pueden sacrificarse y dar de sí mismos por el bien de los demás, que en este caso es su familia. El hogar es único en el sentido de que es el lugar donde uno puede dar de sí mismo sin el riesgo de aminorarse. De hecho, en el hogar, sacrificar no es debilitar, sino que es en el sacrificio donde demostramos que la antigua promesa evangélica es verdadera. Nuestros pequeños sacrificios terrenales ofrecidos en el hogar, a menudo aparentemente intrascendentes, señalan a aquel sacrificio primordial que fue ganado para nosotros, no por coerción o escarnio, sino de libertad para libertad.

Imitando las palabras de Chesterton, creo que el hogar es el único lugar donde un hombre puede ser verdaderamente libre. El hogar y la familia, de un modo muy similar a nuestra vida en Cristo, no solo es una paradoja, sino que además resuelve la paradoja que es. Es donde sufrir es hallar contentamiento. El hogar es ese lugar donde mandar es obedecer. En el hogar, ser la cabeza significa ser siervo. La familia define el hogar. La familia resuelve la paradoja de lo que significa ser un hombre y una mujer. «De la costilla que le había quitado al hombre, Dios el Señor hizo una mujer y se la presentó al hombre, el cual exclamó: "Esta sí es hueso de mis huesos y carne de mi carne. Se llamará 'mujer' porque del hombre fue sacada". Por eso el hombre deja a su padre y a su madre, y se une a su mujer, y los dos se funden en un solo ser. En ese tiempo el hombre y la mujer estaban desnudos, pero ninguno de los dos sentía vergüenza»[1]. La familia y el hogar nos dan, al hombre y la mujer, un lugar para vivir este llamado a dejar padre y madre, estar desnudos y no sentir vergüenza, y convertirnos en padre y madre para nuestra familia de hijos. Esto no debería ocurrir por coerción, sino con amor y libertad vocacional.

La naturaleza apologética del hogar

Un buen hogar sirve a otro propósito apologético. Un hogar cuidadoso y cálido nos recuerda que a nuestro Dios no le falta calidez o cuidado. Dios el Padre no es un padre pasivo. Él es quien ha puesto el fundamento para todas las familias y por tanto todos los hogares. «Por esta razón me arrodillo delante del Padre, de quien recibe nombre toda familia en el cielo y en la tierra»[2]. Dios da nombre a un buen hogar donde un padre y una madre actúan libremente para formar y mantener una familia. Él les da su propio nombre. Él llama a esa familia y ese hogar a ser una sombra de lo que él es: cálido, bondadoso, perdonador, y sumamente libre.

El ataque moderno al hogar y la familia es un ataque al cristianismo en el sentido de que es un ataque a la naturaleza de Dios, su carácter y su nombre. En tanto que soportamos todos los ataques en nuestra cultura a la madre, el padre, la casa, el hogar, y la familia, observamos que aquello que Dios nos ha hecho libres para serlo se aleja de nosotros. Estos son los grandiosos regalos que él nos ha dado, y nosotros deberíamos andar en ellos. Estas son las recompensas con las cuales él bendice durante la época de buenas nuevas. Las buenas familias y buenos hogares sirven como un tenue reflejo de Dios en su bondad.

El mundo exterior no es libre; está gobernado por la ley. Si el mundo no puede experimentar la bondad de Dios, ¿cómo podemos pensar que puede experimentar las buenas noticias de Dios en Cristo? Si Chesterton tiene razón, y yo creo que la tiene, el único lugar libre que tiene un hombre es su hogar. Aquí es donde un hombre es libre para proveer experiencias directas de la bondad de Dios de muchas formas que preparan el camino para el evangelio. Una vez más, los padres son una *analogia entis* (analogía del ser) de la bondad de Dios, preparando el camino del evangelio para sus hijos en el hogar.

Una *analogia entis*, por lo tanto, es también —cuando un buen padre está presente— una *analogia relationis* (analogía de relación). En consecuencia, hay una importante diferencia en entender la relación entre padre e hijo no solo como una analogía de ser, sino aún más dinámicamente como una analogía de relación. Nuestra relación con papá es una analogía de nuestra relación con Dios el Padre. Esta es una increíble contribución no solo para comprender la relación entre padre e hijo, sino también para nuestra comprensión de la realidad.

No es posible separar la presencia física de un padre de la necesidad emocional y existencial de la presencia de un padre o una relación con un padre; están demasiado entrelazadas. Tampoco es posible separar la necesidad emocional de un lugar llamado hogar donde somos libres para hacer eso precisamente. El hogar es ese lugar seguro donde por primera vez probamos el amor. Si has probado el amor, ¿cuánto habría que pagarte para que lo dejaras? ¿Lo dejarías por alguna cosa en el mundo? El hogar es, pues, no solo el lugar de la libertad; es donde se nos permite amar libremente. Los padres, entonces, son intuitivamente relevantes en un hogar. El hogar es donde los padres se vuelven epistémicamente válidos. Un buen padre de un hogar amoroso hace que la fe tenga sentido de formas que ofrecen claridad a sus hijos. De este modo, los hijos pueden anhelar la morada que Cristo dice que está preparando para ellos. Ellos anhelarán estar en el hogar con Cristo porque el hogar es de la libertad y el amor.

La moderna opresión a la mujer

Los cambios en la estructura de la vida del hogar no han sido un suceso único ni una serie de sucesos sino que más bien ha sido un proceso ocurrido en el transcurso de muchísimos años. G. K. Chesterton escribió extensamente sobre este tema. Él señala: «La reciente controversia acerca de la posición profesional de las mujeres casadas fue parte de una controversia mucho más amplia que no se limita a las mujeres profesionales, ni siquiera a las mujeres. Esta implica la distinción que los polemistas de ambos lados suelen olvidar. Tal como se da, depende en gran medida de la pregunta sobre si la vida familiar se denomina un "trabajo de tiempo completo" o un "trabajo de medio tiempo"»[3].

La opresión llega en muchas formas. La peor forma de opresión es la que se disfraza de libertad. Al igual que los hombres, las mujeres deberían ser libres para seguir la educación superior y una carrera si tienen los medios, la inteligencia y la aptitud. No obstante, también deberían ser libres para seguir la maternidad y la vida de esposa con impunidad. En resumen, las mujeres deberían ser libres.

Las tasas de ingreso a la universidad en Estados Unidos están desorbitadas. Pareciera que nuestra sociedad ha llegado al punto donde uno debe alcanzar por lo menos una licenciatura para evitar ser etiquetado como un absoluto fracaso y tener alguna relevancia en nuestra economía y cultura. Esto aparentemente es aún más cierto para las mujeres que para los hombres. El análisis del Pew Research Center a los datos de la Oficina de Censo de Estados Unidos muestra que las mujeres superan a los hombres en la matrícula en la universidad. En 1994, el 63 por ciento de las mujeres graduadas de secundaria y el 61 por ciento de los hombres graduados de secundaria se matriculaban en la universidad en el otoño posterior a su graduación. Para 2012, la cantidad de mujeres jóvenes matriculadas en la universidad inmediatamente después de la secundaria había aumentado al 71 por ciento, pero se mantuvo intacta para los hombres en el 61 por ciento[4].

Estas estadísticas indican algo que creo que muchos hemos sentido por algún tiempo. Y es que nuestra sociedad había aminorado sistemáticamente el rol de la mujer en el hogar y había elevado el rol de la mujer en el trabajo. Esto no implica que la universidad sea irrelevante para una mujer si ella desea ser esposa y madre. Puede ser muy importante para ese propósito, pero ¿cuántas mujeres son incentivadas a ir a la universidad con el fin de ser esposas o madres mejores y más educadas? Yo diría que pocas. El verdadero asunto es que el movimiento de liberación no parece haber sido un movimiento que lograra lo que sus promotores nos dijeron que pretendían. ¡Prometían libertad! La libertad y la igualdad al parecer han sido pisoteadas. En general no creo realmente que las mujeres se sientan libres de casarse jóvenes, comenzar una familia, tener hijos, y quedarse en casa y criar a esos hijos. Más bien se las incentiva tan fuertemente a seguir la educación superior y una carrera, que la «opción» de hacer otra cosa se presenta como una opción absolutamente nula.

Esto lo he visto una y otra vez en mi vida personal. Mi esposa dejó la universidad cuando quedó embarazada de nuestro primer hijo, Caleb. Ahora tenemos tres hijos casi grandes, y desde el nacimiento de Caleb ella ha trabajado y a veces no ha trabajado, aunque en los últimos ocho años ha sido una mamá dueña de casa. Cuando le cuenta a la gente que no terminó su licenciatura, la miran pasmados y consternados, diciendo algo así como: «Bueno, ahora que los niños están más grandes, ¿no quieres volver para que puedas conseguir un empleo de verdad?». También mi hija ha enfrentado este desdén. Ella tiene quince, y cuando la gente le pregunta qué quiere estudiar cuando vaya a la universidad, a veces dice literatura, pero otras veces dice que no está segura de querer ir a la universidad. Mejor aún, expresa que quiere ser mamá. A menudo desearía tener mi cámara lista para grabar para la posteridad la mirada de espanto en la cara de los inquisidores de la virtud de liberación de las mujeres modernas.

Entonces, ¿es realmente libre la mujer moderna? Me parece que no. Será libre cuando sea libre de escoger con impunidad —y sin el escarnio social— lo que ella cree que es el camino virtuoso. Insisto, cada mujer que tenga los medios, el intelecto y la aptitud debería ser capaz de seguir la educación superior y una carrera. Pero también debería ser libre de escoger un esposo, hijos, y un hogar. Para las mujeres que creen que son capaces de escoger ambas cosas, las alentaría a reflexionar sobre lo que planteó Chesterton al comienzo de esta sección. ¿Será la vida familiar lo que se denomina «trabajo de tiempo completo» o un «trabajo de medio tiempo»?

En tanto que las mujeres toman estas decisiones libremente, mi esperanza y mi oración es que ellas sean incentivadas a considerar todos los hechos. No voy a hacer aquí una defensa de la educación superior y una carrera, pues creo que otros a menudo lo hacen mejor que yo. En cuanto a la virtud de trabajar en el hogar, creo que hay mucho que decir que suele quedar sin expresar. El hogar es el primer lugar adonde se lleva a los bebés y se los deja seguros en sus camas. El hogar es el lugar donde crece el amor y el cuidado entre el esposo y la esposa, padres e hijos. El hogar es a veces el lugar donde hombres y mujeres mueren. El hogar suele ser el lugar donde todo el drama de aquello que tan ligeramente llamamos vida se desarrolla diariamente. No es tan grande como un complejo de oficinas en el exterior, pero es mucho más grande en su alcance y extensión cualitativos para aquellos que amamos. Y si bien yo no sería el tonto que insinúa que es el único lugar donde la mujer debe trabajar, diría que el hogar es el lugar más probable que contiene toda la amalgama de la experiencia de calidad humana. En consecuencia, las mujeres deberían ser tan libres de escoger administrar un hogar como de elegir ser directoras ejecutivas de una empresa. Es tiempo de admitir que es el hogar el que contiene la integración y lo absoluto de nuestra humanidad que simplemente no es moldeado por ninguna otra experiencia incoherente dentro de la fuerza laboral exterior. Como dijo C. S. Lewis: «La ama de casa tiene la carrera última. Todas las demás carreras existen solo por un propósito, que es apoyar a la carrera última»[5]. Ser esposa y madre es honorable y debe estar entre aquellas opciones libres que el movimiento de liberación intenta poner a disposición de todas las mujeres. Una vez que las mujeres sean libres de escoger ser esposa y madre nuevamente, los hombres serán libres para ser buenos esposos y padres, así como cabezas de su hogar.

La cabeza del hogar

Entonces, ¿quién es la cabeza del hogar? Las sensibilidades jerárquicas estadounidenses han sido comandadas por lo que llamaré Movimiento del Trabajo en Equipo. Este movimiento es excepcionalmente igualitario en su aproximación a todo, incluida la vida del hogar. Por lo tanto, siquiera postular el encabezado con el tema «La cabeza del hogar» a algunos debe parecerles una proposición tanto dictatorial como extrañamente trascendente. Esta proposición puede parecer de naturaleza dictatorial, porque tener una cabeza, un jefe, o un líder designado es un ofensivo anacronismo para el lector moderno. A la vez parece trascendente porque creo que en nuestro corazón todos sabemos que cada familia necesita una cabeza tanto como cada cuerpo necesita una cabeza. La familia es la institución más antigua. Nuestra idea de familia precede a todo, incluyendo nuestras modernas nociones de trabajo en equipo e igualitarismo.

Entonces, ¿quién es la cabeza de tu casa? Algunos podrían decir que el hombre es la cabeza. Otros podrían decir que es la mujer o la esposa en el hogar. Y aún otros insistirían, como he mencionado, en que no hay cabeza, que la vida en el hogar es un esfuerzo de equipo «acéfalo». En mi investigación sobre paternidad, una cosa me ha quedado cada vez más clara. Cuando como sociedad perdemos la idea del hombre como cabeza de la casa, también perdemos la idea de lo que significa ser un buen esposo y padre. ¿Por qué es así? Porque una vez que se le quita a un hombre su libertad y autoridad en su propia casa, su deseo de servir a esa casa con amor se aleja al mismo tiempo. Es la libertad provista en el hogar lo que les permite a los hombres servir amorosamente como proveedores, protectores, sostenedores, amantes, amigos, y perdonadores. Cuando se le quita su posición como cabeza, ya sea por usurpación o disolución, su falta de libertad conducirá inevitablemente a una falta de deseo.

Una vez tenía a un amigo que pasaba a buscarme todos los viernes a las 6:00 de la mañana y me llevaba al estudio bíblico semanal de hombres patrocinado por nuestra pequeña iglesia en Carson City. Siempre hablábamos de «cosas de iglesia» durante el viaje al restaurante. Una mañana íbamos discutiendo por qué nuestro cuerpo eclesiástico no ordena a mujeres, y estábamos abrigando la idea de que podrían querer considerarlo como una opción viable. En ese punto, mi amigo interrumpió y declaró que creía que los hombres no debían ceder a la perspectiva de «solo hombres» en los roles como pastores y ancianos de la iglesia. Cuando le pregunté por qué, su respuesta me llegó hasta la médula. Él digo tajantemente: «A los hombres los inspira la libertad, pero son perezosos en el corazón. Si le dices a un hombre que es libre para dejar de ser pastor o anciano, lo hará y con gusto dejará que las mujeres tomen el mando. Pero si le dices que solo él es libre para servir en estas capacidades, lo hará de todo corazón». Creo que lo mismo vale para el hogar.

Chesterton afirma que el aspecto definitivo de ser la «cabeza» de algo es que la cabeza es la parte que habla. El hablar, o ser la parte parlante, es un asunto riesgoso. Las palabras tienen poder. Las palabras cambian las cosas. Las palabras mueven a las personas de formas que ni siquiera podemos entender. Por lo tanto, si la posición de cabeza es el poder del habla, creo que debemos recuperar la idea del hombre como cabeza de la casa. En el hogar, el padre necesita esta autoridad por una razón primordial: necesita la autoridad para decir las palabras de perdón. Tal como los pastores necesitan la autoridad de Cristo para perdonar, así también los padres necesitan sentir esta libertad con autoridad en el hogar.

A mi modo de ver, esto no aminora el rol de la mujer o la esposa en el hogar. Por el contrario, solo lo fortalece. Una vez más, nos apoyamos en Chesterton: «El hombre es la cabeza del hogar mientras que la mujer es el corazón del hogar»[6]. De esta forma, creo que la estructura de una familia saludable es tal que la autoridad de la madre se diferencia de la del padre, no tanto por su apariencia, sino más bien por la manera en que la madre se relaciona con, y complementa, la autoridad del padre. La estructura de la autoridad de la madre se define por cómo se relaciona ella con la autoridad del padre: ella afirma su propia autoridad afirmando la de él. En otras palabras, ella es el corazón del perdón en el hogar mientras que él es su vocero. Esta idea aparentemente dicotómica proporciona una enérgica intensidad de valor a nuestras ideas sobre ser cabeza.

A riesgo de repetir las palabras de mi amigo, creo que diría que a los hombres los inspira la libertad pero son perezosos en el corazón. Si se le dice a un hombre que es libre de dejar de ser la cabeza del hogar y con ello un esposo y padre bueno, libre, y con autoridad, dejará de serlo y con gusto permitirá que la mujer asuma todos estos roles. No obstante, si se le dice que solo él es libre para servir en estas capacidades, lo hará de todo corazón libremente. Los hombres quieren la autoridad que les permite amar libremente y perdonar libremente y no imponer esa autoridad sobre su familia. Más bien queremos ser la cabeza parlante del perdón que es la vocera de tu corazón. Pero somos perezosos en el corazón; si nos la quitan, en lugar de ello, con gusto nos sentaremos en el sofá a ver televisión.

La cabeza de la familia debería instruirlos

¿Cómo sería entonces si, como hombres, actuáramos como la cabeza de nuestro hogar? «Debes honrar a tu padre y a tu madre. *¿Qué significa esto?* Respuesta: deberíamos temer y amar a Dios de modo que ni despreciemos ni hagamos enojar a nuestros padres u otras autoridades, sino más bien los honremos, les sirvamos, obedezcamos, los amemos y respetemos»[7]. Para Lutero, este mandamiento era el fundamento de todas las relaciones terrenales. Siguiendo el ordenamiento de Lutero, los luteranos contamos este como el cuarto mandamiento, y el primero en la *Segunda Tabla de la Ley*, que son los mandamientos cuyo fin es enseñarnos sobre nuestras relaciones con los demás. Es la fe en el Dios del primer mandamiento la que se ejercita en el amor que el padre y la madre muestran a sus hijos en el hogar. Para los cristianos, solo hay una «ley»; es el «gran mandamiento»: ama a Dios y sirve a tu prójimo. Pablo también sostiene esto cuando escribe a los creyentes de la iglesia en Roma: «"Ama a tu prójimo como a ti mismo". El amor no perjudica al prójimo. Así que el amor es el cumplimiento de la ley»[8].

La fe cristiana es algo tan libre que no está vinculada a ningún conjunto de reglas prescriptivas en particular. La fe cristiana más bien está activa en el amor a través de todo lo que hace un cristiano en su vida diaria. En ningún lugar esto es más cierto que en el hogar. Cuando entramos en la vida matrimonial y finalmente en la vida familiar, nuestro hogar es donde ejercitamos nuestras vocaciones diarias con amor. No obstante, tanto padres como hijos a menudo no están a la altura de estos llamados.

Este es el mayor mandamiento de la Segunda Tabla porque incentiva a los hijos a honrar las enseñanzas de los padres. Si el padre es la cabeza de su casa, entonces es el padre el que proclama la Palabra de Dios a sus hijos en el hogar. Él (y la madre) actúa como la boca de la fe para sus hijos de manera que las generaciones venideras puedan conocer la fe y a su vez traspasarla a futuras generaciones.

Es de esta forma que entendemos que no hay buena obra más agradable a Dios que la fidelidad del hogar cristiano. Es la fe y el amor lo que marca la diferencia entre una casa terrenal y un hogar cristiano. Allí donde se proclama la Palabra de Dios y se administra el perdón, Dios está presente.

Cuando la fe cristiana está actuando en el amor de padres buenos en el hogar cristiano, no hay límites para las buenas obras y servicios posibles en la crianza física y espiritual de sus hijos. Idealmente, para las necesidades diarias y el cuidado físico de sus amados hijos, Dios llama a las madres a administrar el hogar. Para el cuidado espiritual de la familia y el hogar, Dios ha llamado a los padres a ser ministros y sacerdotes de su propia pequeña capilla. Y aunque esta realidad no siempre se lleva a efecto en nuestra sociedad moderna, es la forma que Dios pretendía. Como señalamos en el capítulo 3, muchas cosas obstaculizan el camino de este orden natural en nuestro mundo caído. Pero el ideal es que estos trabajen en conjunto como Dios pretendía. La madre suple el cuidado físico al hijo, mientras que el padre suple el cuidado espiritual; es decir, el padre respalda la autoridad de la madre sobre el mundo interior del hijo[9].

En una escala menor, el hogar tiene todos los problemas y todas las oportunidades del mundo en general. Así como el mundo es pecaminoso, aquel también lo es. Así como el mundo es complejo, el hogar también es complejo. Después de todo, el hogar no es más que un grupo de pecadores estrechamente ligados y reunidos en un mismo lugar. Es una sociedad a escala pequeña: cuarteles para dormir, salón del desastre, iglesia, baño, tribunal, sala de clases, hospital, y campo de juegos, todo esto envuelto en un solo paquetito caótico. De esta forma, el hogar es realmente el lugar indicado para que comiencen tanto la caridad cristiana como la vocación cristiana[10].

La sacralidad de la vida común y las tareas a las que Dios nos ha llamado en esa vida claramente son reafirmadas en el hogar. Es en el encuentro de las necesidades básicas, ordinarias y cotidianas de la familia bajo un mismo techo que se nos llama a ser «colaboradores de Dios»: «Nosotros somos colaboradores al servicio de Dios; y ustedes son el campo de cultivo de Dios, son el edificio de Dios»[11]. Es el diablo, el mundo, y nuestra carne pecaminosa lo que nos roba estos simples placeres. Ellos querrían hacernos creer que necesitamos ir tras cosas más gloriosas. Pero es en la atención a los hijos y el cuidado de un hogar que realmente vemos la mano de Dios actuando.

Lutero solía decir: «Porque Dios mandó a la mujer que mantuviera a los hijos disciplinados, y debidamente vestidos y bañados. Por humildes que puedan ser estas tareas, son buenas obras a los ojos de Dios. Un hombre también hace buenas obras cuando administra bien su casa. Aun si hiciera cien tareas menores en un día, todas se considerarían buenas si se han hecho con fe»[12]. Una vez más, esto no implica que Dios haya limitado rígidamente a hombres y mujeres a estos roles, sino más bien que él ha instaurado una estructura que es la norma y el ideal. Y para que no pensemos que Lutero no tenía a las mujeres o a su amada esposa Katie en alta estima, deberíamos recordar que también dijo cosas como: «Una mujer puede hacer más con un niño con un solo dedo que un hombre con ambos puños»[13]. Nuestra moderna negación de cierto sentido de orden de la creación no desmiente su existencia.

Por lo tanto, si el hogar es donde el padre debe tener la autoridad, ¿sobre qué ejerce esta autoridad? Tiene la autoridad para perdonar y hacer de nuevo. Es donde su autoridad se deriva, no de su poder, sino de su gracia. En su autoridad, la madre es libre para ser mamá. Ella cuida, cría, guía, enseña, ama, ruega, y consuela a sus hijos. Como sostiene el Dr. Fairweather: «La estructura de la familia emocionalmente saludable es tal que la autoridad de la madre se distingue de la autoridad del padre no tanto por su manifestación como tal, sino más bien por la manera en que la madre se relaciona y complementa la autoridad del padre. La base en la autoridad de la madre radica en la forma en que ella se relaciona con la autoridad del padre: ella reafirma su propia autoridad reafirmando la de él. El concepto polar confiere una calidad dinámica y profunda a la experiencia de autoridad»[14].

De esta forma, el hogar es donde todos encontramos lo que Lutero una vez denominó «la conversación y el consuelo mutuos de la hermandad»[15]. La bondad y la gracia de Dios suelen llegar a nosotros de una forma que no advertimos. Él actúa por medio de personas que nos parecen tan comunes que pasamos por alto la forma milagrosa en que él está obrando a través de ellos. ¿Qué nos es más común que nuestro hogar y nuestro padre? Pero esta es precisamente la razón por la que las acciones del padre sean tan importantes. Cuando Lutero se refería a esta conversación, la elevó a un nivel casi sacramental, pues tiene que ver explícitamente con la proclamación del mensaje del evangelio. Lutero dice:

> Ahora volveremos al evangelio, el cual no nos da consejo y ayuda contra el pecado de un solo modo; porque Dios es sobradamente rico [y generoso] en su gracia [y bondad]. Primero, mediante la Palabra hablada por la cual se predica el perdón de pecados [él manda que se predique] en todo el mundo; lo cual es el oficio peculiar del evangelio. Segundo, mediante el bautismo. Tercero, mediante el santo sacramento del altar. Cuarto, mediante el poder de las llaves, y también mediante la conversación y el consuelo mutuos de la hermandad; Mateo 18:20: «*Donde hay dos o tres reunidos*, etc.»[16]

Lo sepas o no, has visto esto ocurrir. Has sido esto para tus hijos en pequeñas formas que tal vez ni siquiera adviertes. De hecho, tu perdón para tus hijos escondido en los simples movimientos que haces en el hogar cada día ha sido una porción de la sobreabundante gracia de Dios.

El *locus* de la familia

La conversación en el hogar es el lugar (*locus*) de la comunión familiar, y el padre es el cuidador de la conversación. Es una comunión centrada en dar y recibir, así como en acercarse unos a otros y compartir la buena noticia del perdón. Es fácil considerar que este concepto es demasiado común. ¿Puede el perdón que recibimos en el hogar ser tan poderoso como la clase de perdón de Dios que recibimos en la iglesia? Las conversaciones que tenemos y que guiamos en el hogar como padres tal vez no siempre sean «santas» como lo entendemos. Además, los dones que compartimos unos con otros pueden parecer completamente triviales. Nuestras acciones diarias en el hogar pueden parecer tan triviales que ni siquiera las consideramos dones. Pero si hemos de creer a Lutero, estas conversaciones nos conceden y a la vez nos mantienen en la abundante gracia de Dios. Somos sus medios.

El hogar y la familia de un padre

Mi hija Amanda tenía unos cuatro años. Mi ministerio era ajetreado y exitoso. El ministerio juvenil de nuestra iglesia crecía aceleradamente. Había estado pasando muchas horas de la noche con adolescente haciendo lo que me encantaba. Una noche en mi casa, le pedí a Amanda que viniera a sentarse en mis rodillas. Ella no quería hacerlo. Mi maravillosamente sabia esposa Terry me dijo más tarde: «Greg, ella no te conoce». Se me rompió el corazón. Prometí que no iba a amar nada en este mundo más que a mi familia. En las vacaciones de verano, Amanda y yo pasamos incontables horas pescando y disfrutando el uno del otro. Una de mis imágenes favoritas de todos los tiempos es esa hermosa hija de cabello dorado sosteniendo un hilo con una trucha arcoíris que había pescado con una caña que yo le había hecho de un álamo. Ella había superado totalmente a su papá en la pesca. Todavía me río cuando me acuerdo. Hace poco, Amanda, recién casada, puso esa imagen en su página de Facebook. Las vacaciones con nuestra familia pueden ser más importantes de lo que pensamos para toda la vida.

Después de las vacaciones, las personas en la iglesia inevitablemente preguntan si he descansado y estoy listo para el ministerio. Normalmente respondo: «No, estoy totalmente agotado por haber pasado un tiempo extraordinario con mi esposa y mis hijos». Creo que a Dios le gusta esa respuesta.

Cuando mi hijo Adam estaba en el primer año, Terry y yo asistimos a la habitual conferencia de primavera de padres y maestros. Cuando nos reunimos con la maestra de Adam, se veía preocupada. Como cualquier padre, yo pensé: «¡Ay, no; ahora qué!». Ella nos preguntó en tono serio qué amigo o pariente había fallecido. Mi esposa y yo nos miramos totalmente sorprendidos. Yo respondí: «Nadie ha muerto». «Ah», prosiguió la maestra, «él no deja de hablar de ir al cementerio». Terry y yo nos reímos. Ella le explicó: «No, el Señor ha guiado a Greg a ser pastor, y este verano nos vamos al… seminario». Ten cuidado con lo que les dices a tus hijos; lo que ellos repiten puede sorprenderte.

Un verano fuimos de vacaciones en familia a Pensacola Beach. Nuestro hijo menor, AJ, tenía unos tres años. Mi esposa y yo, junto con AJ, paseamos por la costa del Golfo justo después de la puesta del sol. La arena estaba viva con movimiento. AJ reaccionó con comprensible recelo. Los tres nos pusimos a gatas para mirar de más cerca. Eran decenas de cangrejos fantasmas escabulléndose. Tomé uno y lo miramos de más cerca. Estos cangrejos son muy pequeños, pero aún así sus pequeñas garras pueden pinchar. Lo supe por experiencia. Di un grito de dolor, y todos nos reímos. Descubrir las maravillas de la creación de Dios a veces puede ser doloroso, pero uno nunca sabe lo que puede resultar de ello. Desde ese momento, a AJ le fascina buscar «bicharracos» y no tiene recelo para tomarlos, a veces causándole un desmayo a su padre.

Forrest Gump dijo: «La vida es como una caja de chocolates». Yo agregaría: «Y nuestra familia es el centro almibarado». A veces nos gusta el sabor de nuestra familia, a veces no, pero siempre tiene una sorpresa dentro. No hay nada más dulce que ser papá. Nuestro Padre celestial lo entiende.

Greg Rauchy, Mdiv

Dios se dignó a obrar a través de medios. Por lo tanto, sabemos que la Palabra y los Sacramentos tienen el poder, por la obra del Espíritu Santo, de dar fe y ayudar a los fieles a perseverar. La Palabra de Dios abundantemente proclamada concede estos dones. Nosotros escuchamos la Palabra en la iglesia, pero nuestros hijos la escuchan por primera vez en la casa. Desde que nacen, entran en la conversación de los santos mientras maman del pecho de su madre y escuchan la voz de su padre. El hogar es donde el padre es libre para hacer de este aparente milagro un hecho cotidiano y donde él tiene la autoridad de su propia voz para proclamar perdón.

Sucesos kairóticos y coyunturas cruciales

Un padre, por tanto, es un sacerdote para su familia. Él enseña y hace sacrificios, perdona y renueva, todo en el hogar. El hogar es entonces el primer lugar donde un niño experimenta la bondad de Dios. El amor de Dios es un suceso kairótico, una coyuntura crucial, un momento de verdad, el punto de inflexión. Es de naturaleza denotativa. Uno conoce el amor de Dios, pero no lo «conoce» de una forma fácil de explicar o sistematizar. Se necesita la experiencia real de este para conocerlo de verdad. Dios provee padres para que los hijos puedan conocer su amor en esta forma denotativa. Los padres proveen la oportunidad para que los hijos señalen a su papá y digan: «El amor de Dios es así. Como el que está ahí. Como mi papá». Y el hogar cristiano es donde un papá hace el trabajo de Dios.

¿Adónde regresó el hijo pródigo? Regresó a la casa de su padre. Fue en el camino a la casa del padre que el hijo fue abrazado por su padre. Fue en el pórtico de la casa del padre donde los sirvientes fueron mandados a vestir al pecador como hijo. Fue en el hogar del padre donde el hijo muerto fue devuelto a la vida por el perdón del padre. Y es en el hogar del padre donde todos haremos fiesta, alegrándonos en la bondad de nuestro Padre. El padre actúa en su hogar. Por tanto, mi idea del cielo es el hogar del padre.

Somos personas salvadas, somos sus hijos, estamos redimidos, somos libres, y somos parte de la familia de Dios. No olvidemos el hogar y la familia y quizá incluso veámoslo como el lugar donde algunas de las paradojas de la vida son a la vez reveladas y resueltas.

Y al recordar, que el hogar sea para ti ese lugar donde eres libre, el lugar que te recuerda que tu Dios es un Dios de amor, calidez y cuidado por causa de la libertad ganada para ti en Cristo. La bondad de Dios para nosotros por medio del hogar es lo que lo hace un hogar tan dulce. La verdadera edificación del hogar requiere más que una muestra de futilidad humana. Por fe, también reconocemos humildemente: «Si el Señor no edifica la casa, en vano se esfuerzan los albañiles»[17]

CAPÍTULO 8

Dependencia saludable

Yo soy el que por amor a mí mismo borra tus transgresiones y no se acuerda más de tus pecados.

—Isaías 43:25

Al escribir este capítulo, me doy cuenta de que, quizá más que ningún otro, este necesita un descargo de responsabilidad. Así que, insisto, no soy ninguna clase de psicólogo, ni pretendo poseer alguna pericia en ese campo. Soy padre, decano asociado, profesor universitario, y teólogo interesado en la intersección entre la teología de la Reforma y la paternidad. No soy un experto, solo un pensador. Además, pienso que, a un mismo tiempo, hemos hecho a nuestros hijos demasiado dependientes de nosotros pero, paradójicamente, no lo bastante dependientes.

Dependencia por gracia

¿Hay alguna diferencia entre dependencia no saludable y dependencia saludable? En tanto que he considerado este tema, se me ha hecho claro que el tener una mirada de los padres como la que yo tengo —es decir, como modelos de la gracia en el hogar— crea en mis hijos una dependencia de mí que parece interminable e ilimitada. Esto me aterra. Soy un considerable crítico de los padres helicóptero y quitanieves, y me pregunto si esa es la clase de padre que soy. En mis hijos, incluso el que es grande y está casado, veo una profunda dependencia de mí —y mi esposa, por cierto— y me pregunto acerca de lo saludable que es esa realidad y relación.

Una vez conversé acerca de esto con Rod cuando yo era mucho más joven con hijos mucho menores. Por lo que recuerdo, él me dijo que un amigo lo había criticado diciendo que sus hijos eran demasiado dependientes de él, a lo que Rod replicó: «Tal vez, pero es una dependencia saludable». Esto a su vez me hizo pensar, ¿cómo es una dependencia saludable de un hijo grande de su padre? En mi posición en la universidad, veo muchas relaciones entre padre e hijo grande que parecen no saludables. Siento que podría reconocer esta dependencia no saludable a un kilómetro, pero una dependencia saludable me parece un poco más vaga.

Irónicamente, en mi mundo este es un tema bastante candente. La última vez que estuve con nuestros amigos Paul y Cincy Koch, discutimos el mismo tema. ¿Cuánta dependencia de un hijo grande de su padre es demasiada dependencia? Quizá la mejor aproximación consista en descomponerla y analizar cada situación. Mediante el uso de un enfoque cualitativo, la comparación y el contraste de la dependencia no saludable frente a la dependencia saludable puede revelar las diferencias clave.

A partir de mis observaciones, las conductas comunes son evidentes en una dependencia no saludable. Primero, cuando los padres fomentan una confianza no saludable, al parecer tienen miedo de permitir que sus hijos se lastimen, experimenten pérdida, fracasen, o pasen por situaciones extremadamente difíciles. Segundo, los padres en este tipo de relación con sus hijos revelan que temen decir no por temor a que sus hijos ya no los amen. Estos mismos padres están dispuestos a sacrificarlo todo mientras rehúsan permitir que sus hijos sacrifiquen algo[1]. A su vez, los hijos grandes parecen ver estos sacrificios de parte de sus padres como privilegios a los que tienen derecho, beneficios de tener la suerte de ser hijos de sus padres.

Una dependencia saludable, por otro lado, también es una relación de donación, pero es de gracia, no sofocante. Una dependencia saludable no elude el hecho de que los hijos —incluso los grandes— son pecadores y a veces saldrán lastimados, experimentarán pérdida, fracasarán, y pasarán por situaciones extremadamente difíciles en la vida. A la vez, dado que una relación de dependencia saludable no elude esta realidad, los padres permitirán que sus hijos experimenten esos aspectos difíciles de vivir en un mundo pecaminoso y complejo. Dado que una dependencia saludable implica gracia, los padres que emplean este enfoque no descargan condenación inflexible o mojigatería sobre los hijos grandes cuando experimentan fracaso; más bien los ayudan a recoger los pedazos. Ayudar a un hijo a superar la adversidad se puede lograr de muchas maneras (no quiero presumir de saber qué es lo mejor para ti y tu familia en alguna situación específica), pero recomendaría que siempre le des al hijo grande la libertad para cometer los mismos condenados errores una y otra vez. El tema aquí es la gracia acompañada de libertad. Los padres son libres para mostrar gracia, y los hijos grandes son libres para fallar. No hay mandato.

¿Cuántas veces fallarán los hijos grandes antes que dejemos de ayudarles? No estoy seguro, pero estoy convencido de que si ellos dependen de nuestro amor por ellos, la gracia que les mostramos, y la libertad con la que confiamos en ellos, vamos por buen camino. Si Rod es un ejemplo, y para mí lo ha sido, una dependencia saludable se trata de gracia, amor, confianza, libertad y misericordia. Los cristianos ya deberíamos estar familiarizados con estas características. Quienes sabemos que somos pecadores desvalidos necesitados de un Padre de gracia que nos salve por causa de su misericordia que nos ha resplandecido en Cristo, sabremos que, como padres, no tenemos ejemplo mayor. Somos sombras o reflejos imperfectos de su amor por nosotros, pero somos sombras de su amor al fin y al cabo. Dependemos de su amor por nosotros como Cristo proclamado a nosotros mediante el mensaje del evangelio. Dependemos de un mensaje que es locura, y que al mirar desde fuera, probablemente parece no saludable. «El mensaje de la cruz es una locura para los que se pierden; en cambio, para los que se salvan, es decir, para nosotros, este mensaje es el poder de Dios»[2]. No obstante, no podríamos soñar con una dependencia más saludable. Nuestra relación con Dios se define por nuestra dependencia de él. De hecho, es por esto que vamos a su casa, o la iglesia, para recibir su buena noticia y perdón.

Dependencia basada en la absolución

Absolución es la palabra técnica que se ha usado en la iglesia para referirse al acto de perdón. Mi *doktorvater* (doctor padre), James A. Nestingen, lo describe de esta forma: «Hay un modo formal de pronunciar el evangelio en el que la iglesia ha expresado históricamente su confianza: absolución. En la declaración directa y personal del perdón del pecado en Cristo, el evangelio se superpone a la ley, tanto confirmando su acusación como llevando la ley a su fin. Solo los pecadores son perdonados; si eres perdonado, debes ser uno. No obstante, es el mismísimo acto de absolución, con la libertad que trae, lo que permite que se llegue a la conclusión del arrepentimiento, "soy pecador". Precisamente donde amanece la libertad»[3].

Además, aunque las prácticas rituales de confesión y absolución han caído en desgracia en muchos contextos protestantes estadounidenses, aún necesitamos escuchar «eres libre» a fin de sentirnos libres. Si perteneces a una congregación con bastante suerte para tener un pastor que predica el evangelio, escucharás esto el domingo por la mañana. Si este es tu caso, alégrate; no es el caso de todos. Si eres padre, sabe que tus hijos también necesitan escuchar una palabra personal de reafirmación y esperanza de tus labios. Ya he dicho esto y lo repito: el evangelio llega a nosotros en los labios de otro. El perdón llega en las conversaciones con tus hijos. Si ellos no lo escuchan de ti, buscarán esta reafirmación en otro lugar.

En la generación actual, alrededor del 41 por ciento de los jóvenes (entre 18 y 25 años) van al terapeuta al menos una vez a la semana[4]. ¿Qué es lo que buscan? Yo creo que están buscando la palabra paternal de perdón y reafirmación. Karl Augustus Menninger (1893-1990) fue un psiquiatra estadounidense y miembro de la familia Menninger de psiquiatras que fundaron la Fundación Menninger y la Clínica Menninger en Topeka, Kansas. Se ha informado que el Dr. Menninger dijo que alrededor del 70 u 80 por ciento de las personas que quieren hablar con un consejero buscan absolución . Es una cuestión de pronunciarlo, de armarse de valor y efectivamente decir la palabra de perdón en el nombre de Cristo. Una dependencia saludable significa que tus hijos saben dónde son libres. Saben que es contigo, su padre, protector, y perdonador, donde hallan perdón y paz en el hogar.

La dependencia que proporciona un padre es una que se basa en la absolución. Lo que nuestros hijos necesitan de nosotros es apoyo y perdón. Absolución, o perdón de pecados, es lo que buscamos de la iglesia, o al menos debemos recibir de ella. He dicho muchas veces que este libro está examinando la vida de la paternidad mediante un lente estrecho. Mi objetivo no es proveer todo el alcance de la paternidad en la práctica. Mi objetivo más bien es examinar la conexión teológica entre un padre y sus hijos y de qué manera eso se vincula con nuestra relación como hijos del Padre celestial.

La absolución entonces no es algo que pase por alto todos los pecados y faltas del pecador. Más bien la absolución provee perdón para estos pecados. Un padre que absuelve genera dependencia en sus hijos precisamente porque ellos necesitan ser perdonados. Él conoce el pecado de ellos. Conoce sus faltas. No obstante, él absuelve, lava, perdona, y renueva por causa de Cristo. Esta necesidad de perdón siempre creará dependencia entre padre e hijo. Algunos padres perdonan, y algunos no lo hacen. Los padres que perdonan, creo yo, descubrirán que sus hijos serán capaces de hallar el camino a casa, tal como en la parábola.

Todos los que somos lo bastante osados como para hacernos llamar cristianos sentimos esta dependencia en nuestro interior. Sabemos que Dios conoce nuestros pensamientos íntimos. Sabemos que él sabe que somos impuros. Sabemos que si confiamos solo en él y la salvación que ha adquirido para nosotros por medio de Cristo, seremos salvos. También sabemos que necesitamos escuchar la voz de la absolución; su voz que nos llama a casa.

Pero ¿qué hay con el arrepentimiento? ¿Debe el padre perdonar sin exigir una disculpa sincera? A menudo me apoyo en las palabras de mi mentor, Papá Rod, en lo que respecta al arrepentimiento: «Todo nuestro arrepentimiento es a medias». Es imperativo que los padres sepan que el arrepentimiento no es un prerrequisito para la absolución; es más bien una consecuencia del evangelio. En un sentido, hay una condicionalidad adjunta. No hay fe sin arrepentimiento, tal como no hay arrepentimiento sin fe. Nos arrepentimos a causa de nuestra fe en el perdón del Padre. No obstante, aun si no decimos las palabras, ¿acaso no estamos perdonados de todos modos? El poder del arrepentimiento no radica en las palabras pronunciadas por el pecador sino en las palabras pronunciadas por Cristo: «Eres perdonado en mi nombre». En consecuencia, las palabras del padre a sus hijos: «Estás perdonado», son un eco y sombra de las palabras de nuestro Señor. El verdadero arrepentimiento está descrito con mayor precisión en la oración de Agustín: «Concede lo que mandas, y manda lo que quieras»[6]. El Señor siempre da lo que manda, y por tanto confiamos en él para todo. Esta es una dependencia saludable porque se aferra al perdón y la salvación. Oh qué grandioso es que como simples papás terrenales podamos reflejar este gran don de algún modo pequeño a nuestros hijos.

Perdón tácito, no se necesita confesión

Había una vez un joven cuyo padre estaba muriendo. Este joven no había sido un buen hijo. En su juventud fue desobediente. En su adolescencia le había causado muchas noches sin dormir al padre. Incluso una vez chocó el auto familiar en una borrachera con sus amigotes. Mientras estaba en la universidad, rara vez llamaba a sus padres, parecía molesto con la presencia de ellos durante los fines de semana familiares, y, no obstante, esperaba el puntual recibo del cheque del arancel cada año y su mesada mensual. En general lo mismo ocurrió mientras realizaba su posgrado; estaba demasiado concentrado en el éxito para molestarse con su madre o su padre. Una vez que el joven estaba ejerciendo su carrera, se lanzó a la vida de un joven profesional con el fervor de un nuevo convertido. Trabajaba horas interminables, parecía que nunca tenía tiempo para su padre; en realidad, para nadie. Luego el hombre se casó y tenía su propia familia, pero todavía hacía poco por reunir sus dos mundos, y dejaba a su propia madre y padre a distancia.

Después de muchos años, el hombre había pensado en cambiar la situación y disculparse con su padre. No obstante, siempre posponía la conversación con su padre sobre lo importante que este era para él, cuánto lo amaba y lo agradecido que estaba con él. Entonces, un día recibió una llamada de su madre para decirle que su papá estaba muriendo, y no duraría mucho. Así que cuando el hombre saltó al auto y comenzó el trayecto de más de mil kilómetros a la casa, como el hijo pródigo, iba ensayando su disculpa, su confesión, durante todo el camino. ¿Qué le diría a su padre después de todos esos años?

Mientras ensayaba, sabía que no sería fácil disculparse por todas las «cosas malas» que había hecho. Lo que le parecía inexcusable eran sus acciones carentes de amor a lo largo de los años. No era el pecado patente lo que le causaba la mayor culpa, sino más bien las omisiones de amor y aprecio a lo largo de su vida. Así que fue a casa, hizo lo que pudo, ayudó a su madre, y esperó el momento oportuno para realmente hablar con su papá.

Un día iban conduciendo a una de las últimas citas de su padre con el doctor cuando el hombre al fin se armó de valor para hablar. Cuando abrió su boca, las lágrimas corrían por sus mejillas, y la voz temblorosa era inequívoca. Con falsa modestia, le dijo a su padre: «Papá, lamento haberte lastimado tanto todos estos años».

El hombre no sabía que esperar realmente, porque no estaba muy acostumbrado a hacer esa clase de confesiones. Quizá pensaba que su padre iba a decir: «Bueno, ¡ya era hora, maldición!». Por lo menos así habría sentido que había llegado a su papá. Pero en lugar de eso, el padre solo miró por la ventana y le preguntó a su hijo si creía que iba a llover. Atónito por la falta de respuesta, y pensando que tal vez la enfermedad estaba afectando la audición de su padre, intentó de nuevo su confesión. «Papá», dijo el hijo, «¿me escuchaste? Quiero que sepas que lamento haber sido tan terrible contigo todos estos años». Una vez más, su padre parecía no inmutarse. Más bien el padre simplemente miró cariñosamente a su hijo y le dijo: «Bienvenido a casa».

Algunas semanas después, su padre murió. Después de la recepción del funeral, mientras ayudaba a su madre a limpiar, el hombre le preguntó a su madre acerca de los intentos de disculparse que había hecho con su padre. Le dijo a ella que parecía que a él ni siquiera le afectaba y como si todos los años de abandono no significaban nada. Su madre reconoció que ella y el padre habían discutido la disculpa del hombre antes de su muerte. «Él me contó que te disculpaste», dijo la madre, «y me dijo que estaba muy feliz de que hubieras hallado el camino a casa». Ella prosiguió: «Él no sabía qué más decir; en su mente, tú siempre estuviste perdonado».

Todos los años de abandono, desconsideración y desdeñosa maldad no significaban nada en comparación con la realidad de que el hijo finalmente había regresado. Al diablo con la desconsideración y el abandono, el padre lo había perdonado todo. «Porque este hijo mío estaba muerto, pero ahora ha vuelto a la vida; se había perdido, pero ya lo hemos encontrado»[7].

A veces se requiere una disculpa para nuestro padre terrenal para lanzar el reflejo donde luego vemos el perdón de nuestro Padre celestial en el olvido de nuestro propio padre. Por supuesto, estar arrepentido es parte de la nueva vida que ahora vivimos en Cristo, pero no es nuestra penitencia lo que trae el perdón. Más bien es el amor y el favor del padre por causa de Cristo lo que hace realidad nuestro perdón. Aun antes de que acabemos nuestra confesión, estamos perdonados; él no recordará más nuestros pecados. Cuando un buen papá olvida los pecados de sus hijos, eso les asegura que sus pecados contra su Padre celestial también están perdonados por causa de Cristo. Al igual que el padre del hijo pródigo, como el padre de este relato, como los buenos papás en todo lugar, nuestro Padre nos recibe de vuelta. Él está oteando el camino a la espera de nuestro retorno. Antes que siquiera lleguemos a la casa, él sale corriendo a encontrarnos y dice: «Bienvenido a casa».

Elogio a mi padre

Haré un intento de hablar de tres cosas que mi papá hizo por mí que creo que fueron absolutamente certeras. Una de esas cosas fue Indian Guides (similar a Boy Scouts). Mi papá lo dispuso; yo ni siquiera estaba seguro de querer participar. Mi papá sabía lo que hacía. Algunos de mis mejores recuerdos son estar sentado alrededor de una fogata en un tambor de petróleo (cuando los parques todavía permitían ese tipo de cosas) y calentarme las manos del frío mientras hablábamos del mundo y mi lugar en él, un lugar que él me había dado. En Indian Guides él me enseñó a correr, pelear y pescar... y simplemente *estar* con otros hombres.

Trabajar en cosas con mi papá siempre era una sorpresa. No importaba lo que fuera; siempre terminábamos discutiendo por cualquier cosa que estuviéramos haciendo y al final terminábamos inquietando a las mujeres. Eran hombres usando su enojo para realizar algo aunque ello causara una lesión, cosa que normalmente ocurría. Mientras mi papá atendía sus dedos lastimados, nosotros admirábamos el trabajo terminado, ya fuera el carburador de mi Pinto naranjo año 71 o un cilindro de freno en su Chevy Malibu, y nos asombrábamos de haber salido airosos de la batalla con nuestras escasas habilidades.

Otro proyecto era el autito de carreras sin motor. Le dedicábamos tiempo y hacíamos todo lo que podíamos en ese carrito azul de madera. No gané ningún premio ni nada, pero daba una buena impresión. Lo más importante era que él impulsaba todo el proyecto, y yo era algo así como «arrastrado» a este. Él sabía lo que yo quería aunque yo no lo sabía: ese tiempo con él, donde me mostraba el *cómo* y la forma de hacer algo con muchos gritos, errores en las medidas y desvíos. Yo era realmente feliz gritando alegremente con él a las herramientas desobedientes que trataban de frustrar mi participación en la carrera.

La matemática no era el fuerte de mi papá; tampoco el mío. Estaba reprobando álgebra en mi segundo año de la secundaria. Cuando la profesora le contó a mi papá, él comenzó a ayudarme. Yo estaba sentado en la mesa de la cocina mirando un problema incomprensible. Mi papá se inclinó hacia mí y me arrebató el libro. Al inclinarse, me dejó atrapado, y volvió a la primera página del capítulo y comenzó a leer. Parecía que hubiera pasado una eternidad. Cuando terminó de leer, me hizo escribir la solución al primer problema, dictándome cada número. Luego me explicó las fórmulas involucradas y trabajó conmigo durante horas hasta terminar. Él pasó por este mismo proceso cada noche de escuela durante todo un año. Nunca perdió la paciencia conmigo. Nunca me hizo sentir estúpido. Me enseñó a estudiar. Me enseñó lo que era la paciencia, y creo que una buena parte de la poca que yo tengo se la debo a nuestras sesiones de estudio de matemáticas en 1982.

Al hombre que me crio, me enseñó a ser un buen Indian, me ayudó a salir bien en álgebra, y me ayudó a construir un autito de carreras. A Joseph Byrnes, mi padre: «Nos vemos luego, nene».

Steve Byrnes, MA

Un cuento de dos padres

Una dependencia saludable se trata de hallar el camino a casa, aun cuando la casa ya no es un lugar adonde ir sino más bien un momento de perdón y apoyo. Tengo un buen amigo que ha sido profesor universitario durante quince años. Solo por diversión lo llamaré el Profesor X. Él y yo tenemos más o menos la misma edad, aunque él terminó rápidamente su posgrado y ha estado en la educación superior desde alrededor de los 25 años. Hace un tiempo me contó una historia que no solo me hizo llorar, sino que me recordó lo dependientes que son realmente los hijos del perdón y el apoyo de sus padres. Él me conversó que la enseñanza de teología en pregrado ha cambiado en los últimos quince años. Él afirma que cuando comenzó era más fácil por un simple motivo: la mayoría de sus alumnos eran hijos de cristianos que ponían una carga de ley bastante pesada sobre sus hijos. Estos jóvenes adultos sentían el peso de sus pecados —pecados claramente identificados por las iglesias evangélicas tradicionales— y tenían una aguda consciencia de sus defectos. El Profesor X señaló que el pecado se trataba de sus fallas morales personales. En un escenario como este, él no tenía mayor dificultad para impartir las enseñanzas clásicas de la Reforma sobre la distinción e interrelación de la ley y el evangelio, y dijo que era como señalar un oasis en el desierto.

Hace poco, el Profesor X se ha percatado de la realidad de que sus alumnos son mucho más diversos. Él señala que en promedio tiene dos alumnos musulmanes en cada clase, varios alumnos no religiosos de China, y una importante cuota de alumnos anglo suburbanos secularizados. Además, me dijo algo de lo cual cualquiera que enseñe en la universidad moderna está plenamente consciente: los estudiantes modernos tienden a temer solo un juicio: el de fallar en vivir según las expectativas de sus padres que están fuertemente involucrados y constantemente merodeando. Esto es mucho más marcado cuando se trata de alumnos internacionales cuyas familias están apostando todo a su éxito.

Este último año, ha llegado a conocer bien a dos alumnas extranjeras. Una es de Sudáfrica y la otra de un país irrestrictamente musulmán de Medio Oriente. Cuando su alumna sudafricana se convirtió al cristianismo, su padre reunió a su familia extendida y la aldea circundante para una ceremonia y «celebrar» la nueva fe de ella. Sacrificaron un chivo y declararon que ella ya no era hija del padre. Le dijeron a ella que los dioses y espíritus ancestrales ya no le brindarían protección sino más bien una maldición. Ella fue despreciada y desechada. El Profesor X me dijo que esta era la primera vez que el pasaje de Lucas 14:26 realmente cobraba sentido para él: « Si alguno viene a mí y no aborrece a su padre, madre, mujer, hijos, hermanos, hermanas y hasta su propia vida, no puede ser mi discípulo» (RV95). Mientras lo explicaba, yo también comencé a comprender que era un versículo que cualquier joven de una sociedad tradicional podría entender: cambiar las propias creencias religiosas no es una mera decisión personal, como lo es para la mayoría de los estadounidenses; era una afrenta para las creencias de generaciones de antecesores. Jesús, maestro de la hipérbole y elaborada retórica espiritual, no quería que ella realmente aborreciera a su padre, por supuesto; Jesús le daba permiso a un nuevo discípulo para que saliera con fe, aun cuando le costara la pérdida de las conexiones familiares. Ella se unió a una nueva amplia familia que le dio confianza y esperanza suficiente para volver a un padre hostil y ofrecer bendiciones donde había maldiciones paternales. El Profesor X me contó que, al menos para esta joven, este amor frente a la ira ha tenido un efecto profundamente positivo en sus hermanos. Además, ellos esperaban que ella fracasara por causa de la maldición, pero sus hermanos han visto los logros y éxitos de ella. Además, su padre al menos aún está lo bastante conectado para aceptar el dinero de la joven, que trabaja en varios empleos en Estados Unidos.

Mientras sus ojos se llenaban de lágrimas, el Profesor X dijo: «Luego está mi encantadora alumna de Medio Oriente». Él siguió explicando que, después de varios años estudiando el cristianismo y luchando seriamente con sus creencias personales, ella pidió un bautismo muy público. En este punto, lo único que el profesor pudo decirme fue que lloró. Habiendo crecido en el cristianismo estadounidense, él, como muchos de nosotros en su experiencia, nunca había visto un testimonio de fe tan sincero como el de esta joven. Yo estuve ahí el día del bautismo, y comprendo cuando él dice: «Nunca más recitaré el credo sin recordar la confesión entre lágrimas de esta estudiante en pie ante el bautisterio». Y el Profesor X, así como cada persona educada que estaba ese día en esa pequeña capilla, sabe que con este sacramento ella cerró una puerta a la familia y puso su propia seguridad en riesgo de un modo que la mayoría de los estudiantes occidentales apenas podrían imaginar.

El Profesor X dice que ella le contó de inmediato a su madre, pero su padre no se enteró de su bautismo sino semanas después. Cuando lo supo, la llamó. «No puedes volver a casa nunca, jamás», le dijo. ¿Jamás volver a casa? De inmediato, ante ella destellaron imágenes de su cuarto, sus cosas, sus amigos, y sus hermanos. Estas cosas familiares nunca más estarían íntimamente cercanas a ella; tendrían que estar a un mundo de distancia. La mayoría de quienes sabemos siquiera un poquito sobre su cultura esperábamos que así es como podían resultar las cosas, pero el resto de la historia fue totalmente inesperada. Una vez más, era imposible impedir que las lágrimas corrieran por las mejillas de mi amigo, y su voz temblaba mientras este leal profesor me contó el resto de la historia según como se la había contado esta fiel nueva hermana. «¿Vas a dejar de financiarme la universidad?», preguntó ella. «No», respondió el padre, «te amo mucho, y he hecho todo lo posible para mantenerte segura y feliz. Si vinieras a casa, quizá tendría que ver a mis compatriotas lastimarte, y no podría hacer nada para detenerlos. Seguiré pagando tu educación, y, es más, voy a contratar un excelente abogado para ayudarte a conseguir asilo». «¿Estás enojado porque me volví cristiana?». Después de una intensa pausa, él dijo: «Te amo más que nada en este mundo. Eres una de las jóvenes más inteligentes que conozco, y aunque nunca he sabido acerca de este Jesús, tú has tenido mucho tiempo para estudiar sus enseñanzas. De manera que solo puedo confiar en que tomaste una sabia y sincera decisión. Así que te apoyo». El Profesor X y la chica lloraron un momento en su oficina después que ella le contó. Él le rogó que se asegurara de decirle a su papá qué maravilloso ejemplo de padre es él. De hecho, junto con el Profesor X, pienso que todos nos preguntamos si podríamos poner tanta confianza en nuestros brillantes y virtuosos hijos.

Los mejores padres son los que, en momentos especiales como este, son capaces de oponer todos los impulsos sociales de odiar a un hijo amado y ayudarlos a hallar el camino a casa, aun cuando nunca puedan venir a casa. Los mejores padres proveen gracia y amor asombrosos, aun cuando no entienden las razones por las que sus hijos toman las decisiones que toman. Respetan la adultez de sus jóvenes adultos. En nuestra cultura acaudalada y cómoda, a menudo escuchamos de padres que reniegan de sus hijos por cambiar de carrera, tomar un empleo en otro estado, o casarse con un artista que se muere de hambre. Los padres pasamos la primera mitad de la vida de nuestros hijos ayudándolos a tomar decisiones correctas. Pasamos el resto de sus vidas, después de la adultez, aprendiendo a dejarlos buscar una vida de integridad con las virtudes que hemos tratado de inculcarles, y aprendiendo a amar en verdad con el riesgo real de perder su amor. Pero si queremos mantener la gracia y el amor asombrosos, debemos dejarlos ir como aquel valiente padre que hizo todo lo posible para asegurarse de que su amada hija nunca volviera a casa.

El hijo pródigo absuelto

Para el hijo pródigo, las cosas no resultan como cualquiera de nosotros habría esperado. Lo que efectivamente le sucede no tiene sentido desde ningún punto de vista. Tal vez en ninguna parábola o relato sea posible capturar cabalmente el misterio de lo que significa ser salvado por Dios en Cristo. Con todo, en esta historia tenemos un atisbo de lo que podría significar. El padre está en la casa; siempre es seguro llegar al hogar. El hijo, atascado en la ciénaga de toda su culpa, solo de una cosa está seguro. Él dijo: «¡Cuántos jornaleros de mi padre tienen comida de sobra, y yo aquí me muero de hambre! Tengo que volver a mi padre…»[8]. Puede confiar en su padre. Es seguro ir a casa. Al igual que el joven de la historia anterior, había planificado totalmente su confesión. «…y decirle: "Papá, he pecado contra el cielo y contra ti. Ya no merezco que se me llame tu hijo; trátame como si fuera uno de tus jornaleros". Así que emprendió el viaje y se fue a su padre»[9].

El padre no le exige al hijo una extensa confesión de culpa, porque siempre es seguro venir a casa. El padre simplemente absuelve antes que la confesión siquiera pueda salir completamente de sus labios.

> Todavía estaba lejos cuando su padre lo vio y se compadeció de él; salió corriendo a su encuentro, lo abrazó y lo besó. El joven le dijo: «Papá, he pecado contra el cielo y contra ti. Ya no merezco que se me llame tu hijo». Pero el padre ordenó a sus siervos: «¡Pronto! Traigan la mejor ropa para vestirlo. Pónganle también un anillo en el dedo y sandalias en los pies. Traigan el ternero más gordo y mátenlo para celebrar un banquete. Porque este hijo mío estaba muerto, pero ahora ha vuelto a la vida; se había perdido, pero ya lo hemos encontrado»[10]

Siempre se puede venir a casa. Se ha matado un ternero, y así la celebración que es la casa del Padre debe comenzar. Mis palabras de perdón siempre serán gratuitas para ti. Nuestros hijos dependen de nuestra firme palabra de gracia para señalarles al Padre. Ellos deben sentir que pueden depender de nosotros, de un modo saludable, tal como nosotros dependemos de nuestro Padre celestial. Las palabras que les decimos son ecos de la Palabra de Vida. Dios nos ha puesto en sus vidas para ser eso precisamente: fe, esperanza, y amor en los labios de otro. Puedes contar con eso.

CAPÍTULO 9

Historias sobre y de padres

He dedicado una buena cantidad de tiempo en este libro a describir qué tipo de sucesos se pueden crear a fin de brindar un sentido de liberación mágica en la vida de los hijos. Mientras concluía mi escrito, pensé que sería provechoso presentar historias sobre y de padres que comparten sucesos verídicos cuyo carácter fue apologético de un modo cristocéntrico. Me gustaría agradecer a todos los amigos y parientes que contribuyeron a esta sección del libro. Todos ustedes, de una forma u otra, en un momento u otro, me han servido como un pequeño Cristo.

Jonathan Ruehs, Magister, M. Teol
Pastor asociado, Extensión comunitaria, Concordia
University Irvine

Un recuerdo muy potente de los días de mi adolescencia es el momento cuando mi papá me llevó al medio del desierto para enseñarme a disparar un rifle de verdad. Yo crecí disparando un arma de aire comprimido en el patio de mi casa suburbana de Phoenix (no, no me disparé en los ojos; mi papá me enseñó que no se dispara un arma de aire comprimido a un letrero de aluminio, porque rebota hacia uno), así que por lo menos sabía tomar un arma, aunque fuera una débil. Pero nunca había tenido la oportunidad de disparar la escopeta calibre 16 guardada en la parte alta del closet de mi padre, un vestigio de su propia infancia cuando crecía en la zona rural de Michigan. Recuerdo que fue a fines de septiembre de mi segundo año en la secundaria cuando salimos a nuestra excursión de tiro. Fue a mitad de la mañana de un sábado que cargamos la escopeta calibre 16, la de mi hermano Todd calibre 22, una bolsa grande de basura llena de latas, y un par de cubetas plásticas de tamaño industrial llenas de agua. En aquellos días, un viaje rápido de 30 minutos lo dejaba a uno en las afueras del norte de Phoenix, donde se podía conducir un vehículo por algún camino de tierra hasta el medio de la nada para disparar armas. Cuando llegamos adonde íbamos, instalamos nuestra galería de tiro. Mi papá comenzó a enseñarme primero a disparar la calibre 22, y luego de algunas instrucciones básicas, yo estaba haciendo silbar las latas de nuestro improvisado campo de tiro. Luego me enseñó a disparar el rifle calibre 16. Me enseñó a mantener la culata firme contra el hombro para minimizar la patada del arma. Recuerdo que apunté el rifle a una de las cubetas llenas de agua, y cuando apreté el gatillo, el golpe del arma hizo estallar la cubeta en mil pedazos. Mi papá y yo nos reímos y celebramos por la destrucción que causamos con el rifle de su propia infancia. Probablemente pasamos una hora allí en el desierto destruyendo latas y cubetas. Fue la única vez que mi papá y yo salimos al desierto a disparar, pero es un recuerdo que aprecio. Lo aprecio porque fue un momento difícil para mí el pasar a la escuela secundaria, que era un lugar tan desconocido como las caras que veía en aquellos pasillos día tras día, estudiantes con los que no había ido a la escuela intermedia, pero muchos de ellos habían estado juntos en la etapa anterior. Era importante para ese joven adolescente con la cara llena de granos hallar un ancla de familiaridad en medio de ese caos juvenil. Mi papá, esas armas, y ese sábado fueron esa ancla.

Paul Koch, MDiv
Grace Lutheran Church, Ventura, California

El corte de pelo

Hoy es el día del corte de pelo de mi hijo. Normalmente solo saco las tijeras y le corto el pelo yo mismo, pero tengo que contarles que es una gran alegría llevarlo a mi barbero y pedir que se lo corte un hombre que sabe lo que hace. Justo ahora es el momento de viajar hasta la barbería, donde el lenguaje es un poco soez y las personas se contentan con sentarse y unirse a la conversación tanto como con cortarse el pelo. La barbería posee una belleza que no puedo describir adecuadamente, y me encanta poder experimentarla con mi hijo.

El barbero lo pone sobre el elevador de asiento; aparte de ese artefacto, él es tratado como cualquier otro hombre del grupo. Ahora bien, al tener solo cuatro años, a Tito le cuesta mucho trabajo sentarse quieto por tanto tiempo. Lo hace bastante bien mientras está inmerso en la conversación adulta, ya sea como el blanco de las bromas o si le piden que ayude a reírse de los tipos cortando el pelo a su lado. Es bueno para él experimentar esto, sumergirse en la atmósfera, aunque solo esté pensando en el helado que le prometí para después.

Al mirar a mi hijo, me lleno de orgullo y esperanza. Bien podría temer que un muchacho crezca en un mundo que ha aceptado el rol de los hombres como metrosexuales narcisistas o hípsters excesivamente a la moda. Pero no lo temo. Gran parte de lo que pasa por hombría estos días no tiene incidencia en el carácter de un verdadero hombre, y la formación de ese carácter no radica en los caprichos de una sociedad consumista sino en las acciones y palabras de su padre.

Tengo cinco hijos, y mi hijo es el menor. Así es, ¡tiene cuatro hermanas mayores! Aunque por cierto ha aprendido a sacar provecho de ellas y sus instintos maternales, también ha aprendido sobre autocontrol y paciencia. Ha aprendido que no se puede golpear a una chica, sin importar cuánto podrían merecerlo. Ha aprendido la importancia de mantener la puerta abierta a las damas de la casa antes de que él entre. Me ha observado amar y cuidar a su madre y todas sus hermanas. Aunque por cierto he cometido muchos errores, de todas formas está aprendiendo a ser un hombre.

Mira, yo creo que soy la única mayor influencia en la vida de mi hijo. El hombre que llegará a ser, su carácter y resolución, serán un subproducto de mi propio carácter: mis propias interacciones con quienes me rodean, mi propio trato hacia quienes necesitan cuidado, quienes necesitan hospitalidad, necesitan perdón. Estoy diciendo que espero que mi hijo sea un hombre de integridad y decisión. Espero que interactúe con este mundo y sostenga el suyo. Espero que trate a su futura esposa con honra y respeto. Y aunque suene tonto, a veces eso comienza con una visita a la barbería para practicar las cosas de la hombría ¡y para llegar a casa con la cabeza en alto y el estómago lleno de helado!

Lo más asombroso

Como padre de cinco hijos, quizá pienses que estoy más deshecho de lo que muestro, o al menos debería estarlo. Por supuesto, está el constante deseo de esa cosa evasiva llamada un «hogar tranquilo» o mi fugaz esperanza de poder llevar a mi familia a comer fuera por menos de cien dólares (en tanto que soporto la extraña mirada en el rostro de la anfitriona mientras junta dos mesas para *todos* mis hijos). Pero fuera de eso, hay un constante flujo de conmovedoras noticias que se derrama sobre nuestras vidas, poniendo una enorme presión sobre mi familia y abusando de mis temores como padre.

Los ciclos de noticias las veinticuatro horas y las constantes actualizaciones a través de internet permiten un acceso ilimitado a todas las cosas brutales y horribles de nuestro mundo. Estas cosas deben preocuparme por el futuro de mis hijos. Con el terror de los cristianos decapitados por el Estado Islámico aún presente en nuestra memoria, cambiamos de canal solo para enfrentarnos a las revueltas de Baltimore. Apagamos la televisión para abrir nuestros computadores para encontrarnos con la horrible noticia del descubrimiento de partes del cuerpo de un recién nacido en el Condado de Los Angeles. Luego, con todas estas imágenes dando vueltas en mi cabeza, me siento a cenar con mi familia. Allí, cinco rostros jóvenes y (mayormente) ignorantes se unen a mi esposa y a mí en oración, impávidos ante toda esta locura. Cuando los miro, debo llorar. Debo consumirme de preocupación. Debo ser un completo desastre.

Pero este día, mi hijo de cinco años me dice con toda confianza: «¡Papá, tú eres el más increíble!».

Eso puede sonar como algo divertido que dice un niño acerca de su padre. Simplemente podría sacarle una sonrisa a cada papá que sorbe su café en un tazón «Papá N° 1». Pero esas palabras son un sutil (o quizá no tan sutil) recordatorio del poder de la paternidad. Cuando me siento a la mesa con mi familia reunida a mi alrededor, no soy solo una víctima desvalida de un mundo deshecho. No necesito mirar impotente como mis hijos son arrojados a los lobos. Soy un papá, ¡y eso no es poca cosa!

Por naturaleza, tengo mucho mayor influencia sobre mis hijos que los terrores de este mundo.

Puedo proveer fuerza, seguridad y aliento dentro del hogar que nada en nuestra sociedad puede igualar. Puedo inspirar revolución y tenaz resistencia a las formas de nuestra cultura en la placentera anarquía de mi familia. De hecho, incluso la ley y el evangelio son productos de mis palabras y acciones mucho antes que mis hijos los aprendan en la iglesia.

El problema es que olvidamos rápidamente este poder de la paternidad. Pronto nos convencen los persistentes gritos del mundo y los diversos retratos de los padres como tontos impotentes e ineptos, de modo que comenzamos la retirada. No es que queramos ceder terreno, sino que al parecer todo conspira en nuestra contra. Este abandono de nuestro puesto y vocación es apoyado principalmente por dos cosas: nuestra propia deficiencia y el silencio de nuestros hijos.

Nótese que fue mi hijo de cinco años el que dijo que yo era el más increíble, no mi hija de quince años. No es que ella no lo diría, pero ciertamente no fluye con tanta naturalidad como cuando era pequeña. A medida que nuestros hijos crecen, también comienzan a confiar en la narración que cuenta el mundo. Tal como dejan de creer en la magia de su infancia cuando la explicación científica reemplaza la maravilla y el asombro de la naturaleza, así también la magia del poder y el amor de su padre pueden ser remecidos por las inquietantes realidades de nuestra cultura. Ellos también escuchan los gritos para que busquen fuerza y protección en otro lugar. Cobran consciencia de los defectos de los padres. Dejan de recordarnos nuestro poder, porque comienzan a dudar de él.

Este reducido recordatorio de parte de nuestros hijos se complementa con nuestra propia deficiencia. En tanto que luchamos con el pecado, y fallamos una y otra vez con las mismas viejas tentaciones y perversiones, comenzamos a pensar que se justifica el silencio de sus voces. ¿Cómo puede un hombre como yo, lleno de dudas y temores, un hombre que falla más de lo que alguna vez dejaría ver, que se siente pequeño y desvalido frente a tanta oposición; cómo puedo realmente cambiar las cosas? ¿Qué puedo hacer realmente ante semejantes atrocidades? Pero, de nuevo, soy papá.

Puedo moldear la visión de qué clase de esposo desearán mis hijas más que cualquier programa de televisión. Puedo mostrarles día a día cómo debería un hombre tratar a una mujer. Puedo proteger y guiar más que cualquier otra fuerza en sus vidas. Puedo enseñarle a mi hijo más sobre la fuerza y el temor que las noticias nocturnas. Él puede aprender más que consumismo innato y nihilismo sin salida. Puede aprender de mí honor, amistad, y compasión.

Y esta es la cuestión: los padres podemos ser esta potente fuerza ante nuestra propia deficiencia a pesar de la depravación de nuestra alma. Porque aunque nuestro mundo ahoga las voces de nuestros hijos, aunque nuestro pecado se refleja claramente en la ley, vivimos en el amor de nuestro Padre. Es un amor que perdona y restaura. Es un amor que no solo dice «todo está bien», sino que realmente hace algo al respecto. Un amor que nació, sufrió, murió y resucitó para que tú pudieras morir y resucitar a una nueva vida. ¡Y por lo tanto eres nuevo! Ustedes son padres que portan el amor del Padre, y el mundo no puede detener semejante amor. «Ahora, pues, permanecen estas tres virtudes: la fe, la esperanza y el amor. Pero la más excelente de ellas es el amor»[1].

En palabras simples, ¡eres el más increíble!

Cindy Koch, Magister
Esposa y madre de cinco hijos
Espera a que llegue tu padre

Las memorias de mi infancia sobre mi padre no son completas. Solo puedo recordar ciertos días, ciertos lugares, ciertas cosas que hicimos juntos. Mi hermana y yo hablamos hace poco sobre nuestros recuerdos e intentamos llenarnos las lagunas mutuamente. Recordamos cosas pequeñas como los viajes por helado, ponerle combustible al auto, paseos en bicicleta, y juegos de mesa. Pareciera que hay toda una vida de cosas que hemos olvidado ahora que nos mudamos a nuestro propio mundo de esposo, hijos y vida adulta.

Mi padre viajaba cuando yo era niña, y me han dicho que a menudo se ausentaba. Pero cuando pienso en mi papá, puedo recordar los momentos cuando estaba en casa. A decir verdad, aprendí el carácter de mi papá a una edad muy temprana. Cuando para mi mamá yo era menos que un ángel (y eso ocurría muy a menudo), recuerdo que anticipaba aquellas palabras: «Espera a que llegue tu padre». Esto no implicaba terror y miedo al castigo. En mi experiencia, mi madre había agotado todas las buenas técnicas de disciplina que había aprendido, y ya no tenía energía para tratar conmigo. Mi padre traía paciencia y una resolución serena.

Mi padre me cuidó tanto que llegué a esperar esta actitud de gracia y amor de todos los hombres. Cuando emprendí el vuelo desde la seguridad del nido de mi hogar, los muchachos llegaban y se iban. Sin siquiera saberlo, siempre los evaluaba en relación con mi papá. Cuando un muchacho era deshonesto y me rompía el corazón, yo sabía que de alguna forma eso no era correcto. Se suponía que los hombres amaban y cuidaban a las mujeres. Cuando un chico intentaba orientar rápidamente la relación hacia lo físico, yo era lo bastante valiente como para querer algo distinto. Siempre podía volver la mirada al ancla que era mi padre, alguien que me cuidaría.

En la universidad, tuve un profesor extraordinario, el Dr. Rosenbladt, quien me ayudó a darme cuenta del gran tesoro que me había dado mi papá. Los estudiantes de teología en Concordia University acudían en masa a este singular hombre debido a que no se avergonzaba de enseñar la libertad del evangelio. Ellos amaban a este hombre porque él se preocupaba por ellos y su educación. Él no sostenía las reglas sobre sus cabezas; él rompía las reglas por el bien de ellos. Recuerdo una ocasión de pánico y llanto cuando mi auto tenía un neumático desinflado, y este hombre me miró pacientemente, y con calma me explicó que él se haría cargo. Fue entonces que caí en la cuenta: ¡el Dr. Rosenbladt era mi padre!

La amorosa misericordia que tanto él como mi padre me han mostrado no es solo una extraña coincidencia. Ellos reflejan la compasión que nos atrevemos a esperar de nuestro Padre del cielo. Tuve la fortuna de que se me diera un padre terrenal que me enseñó. No todos lo tienen, pero Dios no deja a sus hijos solos. La paciencia y la bondad de Dios se nos da a través de Cristo. Las palabras de Cristo son pronunciadas en los labios de hombres como el Dr. Rosenbldt y mi padre. Soy perdonada, soy consolada, y no puedo esperar a que mi Padre venga a casa para siempre.

Bob Hiller, MDiv
Faith Lutheran Church Moorpark
El padre sabe lo que es mejor

Al mirar el ambiente cultural, me preocupa la ligereza con que menospreciamos al querido viejo papá. Hemos pasado de un extremadamente idealizado «el padre sabe lo que es mejor» a un blandengue e inepto Ray Barone en tan solo una generación. A través de íconos culturales tales como Papá de los Osos Berenstain, la feminización de Estados Unidos ha denigrado a papá a nada más que ese desperdicio de espacio que mira deportes y bebe cerveza viviendo frente al televisor y requiere de cuidado maternal para sobrevivir. Pero los padres son un regalo del Señor. De hecho, nadie tiene un mayor impacto en nuestra forma de ver el mundo, la familia, la iglesia y especialmente a Dios que aquellos hombres que ocupan el lugar del «padre» en nuestra vida. Necesitamos luchar contra las tendencias que aminoran la paternidad y alentar a los padres a ser líderes fuertes, bondadosos y sabios en sus hogares, hombres que peleen por sus novias, provean para sus hijos, asuman la responsabilidad de sus familias, y no tengan miedo de ofender a quienes se pongan en el camino. Necesitamos más hombres como mi papá.

Desde que fui al seminario, he aprendido que a muchos pastores les cuesta equilibrar el hogar y la iglesia. Eso no lo aprendí de mi papá. Él estaba en casa prácticamente para cada cena, aun cuando tenía reuniones. Él iniciaba casi todos nuestros juegos; cuando no podía, era por alguna emergencia. Mi papá conocía la diferencia entre pasar tiempo con su novia y la novia de Cristo. Desde donde yo me sentaba, nunca vi que esta última provocara celos en el corazón de la primera. Él estaba en casa para su familia, y sabíamos que éramos su prioridad.

No me malentiendan, él no es un pastor perezoso. Él ama a la iglesia. Se aseguró de que nosotros también la amáramos. No fue sino hasta hace dos años que me di cuenta de que mi rutina del domingo en la mañana es casi idéntica a la de mi papá. Él solía despertarme temprano los domingos para que pudiera andar con él mientras se preparaba para el servicio. Yo observaba cuando él abría las puertas, encendía las luces, y se aseguraba de que el templo estuviera listo para que la Palabra de Dios invadiera la vida del pueblo de Dios. Después de pedirme que saliera del salón para que él pudiera repasar su sermón, yo ojeaba por la ventana para espiar su rutina. Ahora cuando yo predico, especialmente al proclamar el evangelio, realmente puedo escuchar la voz de mi padre salir de mi boca.

Soy luterano porque mi papá me enseñó a escuchar las Escrituras a solas. El pobre hombre estaba cargado con una familia a la que le encantaba discutir de teología. (Aún lo hacemos, de hecho. Él sufre de críticas a su sermón cada vez que mi hermano, que pronto tendrá un doctorado en teología de la Universidad de Chicago, y es una piedra en el zapato, viene a casa en Navidad). Uno de mis recuerdos favoritos es cuando estábamos sentados para el almuerzo del domingo y mi mamá dijo: «¿Qué derecho tenemos a "darle la gloria a Dios"? ¡No podemos darle nada! ¿Por qué lo decimos?». Mi papá respondió fríamente: «Está en la Biblia. Nosotros no lo inventamos. No corregimos la Biblia».

O cuando yo pasé por una fase teológicamente «rebelde» en la universidad, llamé a casa para decirles a mis padres que iba a dejar la Iglesia Luterana y me uniría a los bautistas reformados. Después de todo, ellos han entendido bien el bautismo. Primero fui a mi mamá. Ella escuchó con paciencia, como siempre. Ella me dijo que le diría a papá que me llamara cuando llegara a casa. Luego llamó a papá de inmediato, como siempre. Él me llamó en cinco minutos. Al no ser un hombre de hablar por teléfono, esta no fue una acción menor. «Así que ya no eres luterano, dice tu mamá». «Así es, simplemente no creo que sea lo que enseña la Biblia, especialmente en cuanto al bautismo». Di mis argumentos. Nunca olvidaré sus palabras: «Bueno… abre tu Biblia». Así que ahora soy un pastor luterano, no porque mi papá lo sea, sino porque mi papá me enseñó a leer la Biblia.

Los padres más que nadie moldean nuestra forma de ver a Dios. Mi papá me dio una imagen de un Dios de gracia. Mi padre está lejos de ser perfecto. Tiene sus defectos. Yo los conozco bien porque los veo en mi propia vida de tanto en tanto. Pero él estaba ahí. Él formó a sus hijos en el camino que debían andar. Nos dio un nostálgico amor por el béisbol y un apetito por la buena teología. Lo que es más importante, nos dio a Cristo. sé que todos queremos ir al cielo y una respuesta para todas nuestras preguntas. Pero a veces me encuentro esperando que esto no sea verdad. Un cielo donde tomo una cerveza con mi papá, mi hermano y mis hijos y discuto de teología en torno a un partido de los Ángeles no sería tan malo.

Joshua Theodore Keith

El Hombre Araña contra el Rino

Tengo muchos recuerdos maravillosos de la magia que mi padre creó a lo largo de mi infancia: BMX y ciclismo en la montaña, armar figuras Legos de *La guerra de las galaxias,* ver películas y programas para los que probablemente aún era un poco joven. De todos los magníficos recuerdos y experiencias que guardo de mi padre, probablemente los mejores y más tempranos recuerdos son los de lucha libre.

Ahora, cuando digo lucha libre, no estoy hablando del deporte donde hombres con calzas se traban unos con otros, ni de lo que La Roca está cocinando. Hablo de correr a la cama de mis padres, sacar todas las almohadas y sábanas del colchón, e intentar inútilmente derribar a mi papá, solo para ser levantado y arrojado sobre la cama, sin parar de reír. La única regla era que el primero que caía de la cama perdía. Recuerdo que hice esto muchas veces durante mi infancia, y recuerdo que el tema que más se repetía en nuestras refriegas era que yo pretendía ser el Hombre Araña y mi papá era el Rino (que, por si no lo sabes, es un villano en los cómics del Hombre Araña).

Yo crecí a comienzos de la década del 2000, y Marvel recién comenzaba a estrenar sus icónicas películas de superhéroes, una de las cuales presentaba a mi superhéroe favorito, el Hombre Araña. Después de ver las películas, leer los cómics y jugar el videojuego del amistoso lanza-redes del barrio, ¿quién con una mente de cinco a diez años no quería ser el Hombre Araña? Pero ninguno de los juegos, películas o cómics mencionados estaba cerca de ponerle tanta magia a ser un superhéroe como enfrentar al Rino (mi padre) en las calles de Manhattan (la cama). Lo que parecía imposible —las cosas que no podían existir fuera de la pura fantasía— él lo hacía real para mí.

Conforme fui creciendo, comenzamos a luchar menos, pero la magia que eso causó nunca se terminó realmente. La lucha libre se convirtió en peleas de espadas láser, donde nos abalanzábamos fieramente uno contra otro con palos plásticos hasta que uno de los dos chillaba de dolor al recibir un golpe en los dedos. Esto nos llevó a balaceras con armas Nerf, las que normalmente terminaban en discusiones con mi hermano que sonaban algo así: «¡Oye! Te di de lleno, estás muerto», lo que inevitablemente recibiría la respuesta: «¡Nada que ver, la bala solo me dio en la camisa!». Y las cosas solo mejoraron cuando tenía trece. Un día, mi mejor amigo, Noah, y yo empezamos a hacer armas y escudos de madera. Ay, la cara que puso mi mamá cuando llegamos después de darnos una buena golpiza hasta quedar una masa de sudor, magulladuras y sangre, y luego mirar más allá y ver a mi papá sentado en una silla con una sonrisa que decía: «Mi muchacho».

Aunque ya no hago mucho estas cosas, mi padre todavía logra hacerme sentir como un superhéroe. Actualmente tengo dieciocho, y soy un joven que es feliz trabajando con sus manos, una pasión efímera hoy en día. Tengo un empleo de nueve a cinco en una mueblería y llego a casa todas las tardes a cenar sintiéndome exhausto, pero a la vez me siento increíble, y nunca me he acostado sintiéndome mejor que en un día en que he trabajado duro. Aunque se podría pensar que esta es una forma de trabajar impopular o de «clase baja», es lo que me encanta hacer. Nunca me he sentido más feliz o he sentido que estoy haciendo lo correcto en seguir mi llamado que cuando mi papá me dice que está orgulloso del hombre en el que me he convertido o cuando llego a casa de un largo día de trabajo y veo a mi papá con una sonrisa que dice: «¡Ese es mi muchacho!».

Autumn Whitney Grace Keith

Duendes

Durante la mayor parte de mi infancia, mi papá trabajó como director del programa de actividades después de la escuela en nuestro centro comunitario local. Antes de tener edad suficiente para ir con mis hermanos a la escuela primaria luterana del pueblo, iba con mi papá y jugaba en la sala de pre-kindergarten mientras mi mamá trabajaba en la noche como mesera o como recepcionista en el hospital local. La sala de pre-kindergarten estaba cruzando el gimnasio desde la oficina de mi papá. A mí me parecía que era lo más increíble el poder moverle la mano desde cualquier lugar donde yo estuviera en el edificio.

La maestra de pre-kindergarten era la Sra. Rhonda, a quien me gustaría añadir a mi larga lista de importantes influencias de mi

infancia. Ella me enseñó muchas cosas útiles tales como no sentarme
en el suelo de piernas cruzadas cuando usara falda, y también que
con toda certeza los duendes son reales. Los duendes tienden a
aparecer alrededor del Día de San Patricio. Para prepararnos, mi
curso hacía trampas de cajas de zapatos llenas de papel de aluminio
y pintadas con tréboles, brillantes, y todo tipo de cosas que atrajera
a estas codiciosas criaturitas. La Sra. Rhonda también ponía moldes
de pastel con pintura frente a todas las puertas para que pudiéramos
seguir las diminutas huellas si y cuando los duendes vinieran.

Cuando niños, mis hermanos y yo nunca creímos en Santa
Claus, el hada de los dientes, el Conejo de Pascua, ni nada de la
habitual cháchara que los padres les cuentan a sus hijos. Sabíamos
que nuestros padres compraban nuestros regalos en Navidad y
pintábamos nuestros propios huevos antes de Pascua y dibujábamos
a Jesús en ellos, así que, ¿quién necesitaba un conejo? Nunca nos
sentimos privados por no tener estas criaturas, pero había una
especie de la fauna mágica que yo estaba segura de que no podía
ser falsa: los duendes. Les conté sobre esto a mis hermanos, y ellos
trataron con toda su fuerza de convencerme de lo boba que sonaba y
de lo ilógica que era, pero yo a los seis años no iba a ceder. Mi papá
intervino rápidamente y les dijo a mis hermanos que me dejaran
divertirme con mi único amigo imaginario, el Duende Lenny. Esa
fue la primera vez que puedo recordar cuando mi papá me defendió
a mí y mi fascinación por mi gente mágica favorita.

Como no era totalmente inusual para mí a esta edad, me enfermé
al punto de faltar a clases un día. Pero esta no era una clase cualquiera
que me iba a perder: para mí, era la más importante de todas, ¡la
clase donde íbamos a revisar las trampas para duendes! Aparte de
mi estado deplorable por la enfermedad, me afligía al pensar que
no vería las trampas ni las huellas. Al ver mi lamentable condición,
mi papá hizo lo mejor del mundo que podría haber hecho por mí:
me llevó al centro comunitario —toda enferma y deplorable— y me
cargó adentro. Abrió la puerta con su llave de esqueleto mágica y me
llevó a revisar mi trampa de caja de zapatos. Recuerdo que me sentía
tan enferma que ni siquiera podía caminar, ¡y luego tan jubilosa al
ver el arcoíris de diminutas huellas que cubrían el suelo! La tapa de
mi caja todavía no había caído, pero otras sí, y sabía lo que eso debía

significar. Los duendes habían estado allí, y ese día la magia fue para mí totalmente cierta.

Podría parecer que esta historia no significa mucho, pero para mí a los seis años fue la cosa más mágica. Había perdido toda esperanza de estar en lo que me parecía el suceso más importante de mi vida, pero entonces mi héroe me libró de mi tristeza, mi padre, ¡quien hizo su gran entrada y salvó la situación! Este recuerdo ha quedado grabado en mi mente para siempre, y aún hoy me emociona hasta las lágrimas. La sustancia de esta variación de la magia fue lo que volvió esta historia tan absolutamente extraordinaria. Mi padre nos ha llevado a mis hermanos y a mí a aventuras mucho más extravagantes, pero si se me pide que escriba una historia de la magia de mi padre en mi vida, este episodio sobresale. Me mostró cuánto le importaban aun mis anhelos más pequeños, y se esforzó por cumplir mis deseos, y todavía lo hace.

Dinero para libros

Esta misma semana, mi padre llegó y me demostró cuánto se preocupa por mí. De compras hoy con mi mamá, gasté parte de mi dinero, ganado con esfuerzo cuidando niños, en lo que más prefiero en el mundo: libros. Gasté 120.68 dólares en seis preciosos volúmenes, pero solo llevaba conmigo 85 dólares. Con mi madre hicimos un acuerdo de que ella pagara lo que faltaba, y al llegar a casa íbamos a transferir el dinero de mi cuenta. Esta transacción del dinero restante se tenía que hacer desde el teléfono de papá. Cuando le dijimos que debía transferir el dinero, trató de convencer a mi mamá de que no hilara tan fino y lo dejara pasar, pero ella fue firme en ese punto. Al no lograr persuadirla de liberar la deuda, él la asumió y entregó 35 dólares de su efectivo que casi nunca tiene y me liberó de mi carga.

Esta no es una historia de lo mezquina que es mamá ni nada por el estilo. Ella tenía todo el derecho a cobrar lo que le debía. No es que yo no pudiera pagarle o no tuviera lo suficiente en mi cuenta, y yo ni siquiera le había pedido que me ayudara o cargara con el costo (cosa que, si se la hubiera pedido, estoy segura de que habría estado dispuesta a hacerlo). Papá sabía que yo podía pagarle y que lo haría, pero él no quería que tuviera que hacerlo. Él me ama y está dispuesto a hacer cualquier cosa por mí, incluso está dispuesto a asumir la deuda más pequeña y mostrarme su gracia. Mientras escribo, mis ojos se llenan de lágrimas y me esfuerzo tratando de expresarte a ti, lector, cuánto significa para mí este acto de liberación. En resumen, no sé qué haría sin mi padre, y no se me ocurre un mejor ejemplo de la gracia de Dios que el padre terrenal que en cada aspecto de su vida intenta derramar sobre sus hijos el vivo ejemplo de la gracia.

Rev. Graham Glover
Las peores y las mejores setenta y dos horas de mi vida

Hoy mi hija cumplió diez años. Como todos los padres, nunca olvidaré el día en que nació. Al ser nuestra primera hija, su nacimiento fue, en ese momento, el mejor día de mi vida (lo digo con las debidas disculpas a mi esposa y nuestro glorioso día de bodas, pero creo que ella concuerda conmigo).

Yo sencillamente estaba conmocionado cuando nació nuestra hija. Como ocurre con muchos padres primerizos, yo estaba entusiasta, incluso quizá un poco atemorizado por todo lo que implica ser padre. Al tomarla por primera vez, recuerdo que me dije: «¡¿Realmente soy padre?!». Las emociones eran increíbles. Ese día fue pura alegría.

Pero menos de setenta y dos horas antes, mi mundo fue puesto de cabeza con el peor día de mi vida. Sentado en mi escritorio, creo que preparando el sermón para el siguiente domingo, recibí una llamada de mi tía abuela para decirme que mi padre había fallecido. Su muerte fue totalmente inesperada. Recién había acompañado a mi hermana al altar un par de semanas antes. Mi cuerpo quedó paralizado al escuchar la noticia, y luego solté un grito que hizo que mi esposa embarazada con ocho meses y medio viniera corriendo a mi oficina. Mi abuela tomó el teléfono de manos de su hermana, y juntos lloramos mientras ella lamentaba la pérdida de su único hijo vivo y yo la pérdida de mi papá.

Decir que mis emociones estaban totalmente dispersas esa primera semana de mayo de 2005 sería la mayor imprecisión de mi vida. Grité mucho, sin estar seguro de si estaba feliz o triste. El dolor de la muerte y la gloria de la vida se manifestaban plenamente para mí y mi familia. En un momento estaba lleno de una alegría que nunca había conocido, totalmente complacido, y al siguiente estaba deshecho, completamente devastado. Sin duda fueron las peores y las mejores setenta y dos horas de mi vida.

Diez años después, recuerdo aquella semana como si hubiera sido ayer. No pasa un día en que no lamente a mi padre ni dé gracias por la vida de mi hija, así como la de mi esposa, mi hijo, mi madre y mis hermanos. Todavía extraño mucho a mi padre. De tanto en tanto, todavía hay lágrimas y algunas emociones muy fuertes.

Pero la mía no es una experiencia única. La mayoría de nosotros hemos visto muerte. Hemos sido confrontados con su dolor cercano y personal. Esta es la tragedia de nuestro mundo caído y pecaminoso. Nuestros cuerpos no son perfectos. Finalmente van a fallar, y todos moriremos. Mi padre, un hijo de Dios bautizado, está entre la comunión de los santos, pero él no era un santo. Era un miserable pecador, cuyas deficiencias yo conocía demasiado bien. Él amaba al Señor y buscaba consuelo en su Palabra y sus sacramentos, pero mi papá, como todos nosotros, nunca iba a vivir para siempre.

Todos moriremos, algunos antes de lo esperado. Pero es un hecho que moriremos. Todo esto es cierto. Y todos experimentaremos la muerte, incluyendo a nuestros más cercanos. Sentiremos su aguijón y gritaremos de dolor. No hay palabras simples, no hay clichés de tarjeta de saludo que puedan llevarse el horror de la muerte. Es seguro que llegará. Y se siente pésimo. Se siente realmente pésimo. Durante diez años he sufrido sus consecuencias, y hoy la detesto tanto como siempre.

Sin embargo, la muerte no tiene dominio sobre mí. Ella puede aguijar y punzar y asomar su horrible cabeza. Yo sucumbiré a ella un día, como también aquellos que más amo. Pero la muerte no va a ganar. Cada vez que la experimente, siempre que la vea y la sienta, siempre hallaré consuelo en una alegría que es mucho más grande que la muerte.

Digo estas cosas con confianza, sin ninguna duda, porque en esta gloriosa época de Pascua, sé que mi Redentor vive. ¡Cristo ha resucitado! Él se ha levantado de los muertos. La muerte no tiene dominio sobre él ni sobre nadie que sea parte de su reino. En este cumpleaños de mi hija y aniversario de la muerte de mi padre, estoy en paz. Estoy en paz en mi Salvador, quien me ha perdonado, y él tiene a mi padre y a mi hija. Él ha obtenido vida eterna para nosotros, así como para ti. Ha derrotado la muerte. La ha conquistado —una vez para siempre— y a causa de ello ofrece el gozo de la vida con él para siempre.

Mi padre está muerto, pero un día se levantará con el Señor. Mi hija tiene diez años, y cuando este mismo Señor regrese, se reunirá con su abuelo. ¡Solo a Dios sea la gloria!

William Rodney Rosenbladt, PhD
(Papá Rod)
Profesor asociado de teología y apologética
Concordia University Irvine

Frieda

Cuando era un muchacho, trabajaba como administrador del archivo en la consulta médica de mi papá. En los pasillos escuchaba algunos de los rumores. Una bella enfermera rubia sureña (de quien yo estaba seguro de que estaba enamorado) estaba enferma, y mi papá se enteró. Casualmente escuché de paso la conversación en una de las salas de examen. «Frieda, ¿estás enferma hoy?». «Sí, doctor». «Bueno, entonces quiero que te vayas a tu casa y te recuperes». «Mi esposo y yo no podemos darnos ese lujo, doctor». «Frieda, yo opero esta consulta, y se te pagará *de todas formas*. Ahora ve a tu casa hasta que estés bien. Y no me preocupa el dinero. Me aseguraré de que se te paguen esos días».

«¡Trabajaría para tu papá en cualquier lugar!»

Una vez el técnico de laboratorio interno de mi papá, un caballero japonés, hizo lo que (creo yo) mi papá sugirió y me introdujo a la manera de hacer análisis de laboratorio simples (hemograma, análisis de orina, etc.) como parte de mi «horario de trabajo». Durante una de estas sesiones, Carl me miró y me preguntó: «¿Sabes por qué trabajo para tu papá, Rod?». Yo respondí «no». Carl dijo: «Porque él me paga el doble de lo que ganan otros técnicos de laboratorio, *¡con la única condición de que nunca hable de ello!* ¡Trabajaría para tu papá en cualquier momento y lugar!

El benefactor

Olvidé cómo me enteré de ello (por cierto, ¡no por mi papá!), pero alguien me dijo que cada semestre papá iba a la Escuela de Medicina de la Universidad de Washington y preguntaba qué alumnos del último año iban a tener que abandonar por falta de dinero. Entonces él pagaba todos los costos de su último año, *con la sola condición de que esos alumnos nunca se enteraran de dónde había salido el dinero.*

El MGA

Repentinamente recibí una llamada telefónica de mi papá en la casa de mi fraternidad. Me preguntó: «¿Tú dijiste una vez que te gustaría tener un auto deportivo?». Yo respondí: «Papá, ¡me encantaría un auto deportivo!». Papá me dijo: «Bueno, acabo de salvarle la vida a un joven con cirugía, y me contó que se había comprado un MGA convertible y que lo *odia*, quiere deshacerse de él lo antes posible. Creo que tú necesitas ese MGA, así que voy a comprarlo». Uno de los primeros viajes que hice en él fue hasta Hurricane Ridge (Olympic Rain Forest). Era de noche, y no pasó mucho tiempo antes de ver las luces rojas intermitentes detrás de mí. El benévolo policía estatal me dijo: «Mira, hijo, en realidad no estabas excediendo el límite de velocidad. Pero cuando la señal dice 80 kilómetros por hora, *no es necesario que tomes todas las curvas a 90 o a 100 kilómetros por hora*».

Sesiones de estudio

Durante mi último año en la secundaria, algunos amigos y yo regularmente planeábamos estudiar juntos en mi casa en la noche. Esto siempre duraba solo un rato, y más bien terminábamos jugando póker. Mi papá preparaba Coca-Colas y cabritas de maíz con mantequilla, y nos las traía (estábamos «estudiando» en el sótano), y se daba cuenta de que estábamos jugando póker. Se sentaba a jugar algunas manos, perdía 50 dólares, y volvía arriba.

Cielos abiertos y municiones

Mi papá y su hermano una vez compraron una vieja granja con vista a un amplio valle abajo (venía incluida). Estaba en el viejo Valle Ohop, y la vista al Monte Rainier era directa y relativamente cercana. Tenía una antigua casa (calentada solo por una estufa a leña en la cocina) y un viejo teléfono de manivela donde varias partes «compartían con otros». Había caballos, ganado, cerdos y gallinas, así que mi hermana y yo pudimos ver cosas nacer, aprender a andar a caballo y cuidarlos, y a ordeñar vacas, y yo pude aprender a conducir un antiguo tractor Ford. En el armario de un dormitorio del primer piso, mi papá guardaba municiones de todos los calibres imaginables (.22; .38 especial; .45 Colt; cartuchos de escopeta, calibre 12 y .410; una trampa de mano y cajas de platos de tiro; rifles desde un Winchester de palanca .30-30 a un Springfield Army, equivalente a lo que hoy llamamos .308). Eso era para que yo pudiera llevar a mis amigos de la escuela por un fin de semana y dejarlos intentar disparar cualquier rifle, pistola o escopeta que quisieran. Papá les daba un curso básico de seguridad con armas y luego me los entregaba para que los vigilara atentamente y mejorara ese entrenamiento minuto a minuto si era necesario. Sus madres estaban seguras de que sus hijos iban a morir ese fin de semana, pero los muchachos pensaban que ya habían muerto y habían ido al cielo. Y la siguiente vez que salíamos hacia aquella granja, toda la munición se había *reabastecido* al parecer por arte de magia. ¡Era como una cornucopia de municiones! El abastecimiento de munición nunca se acabó.

Hawái

Una vez, cuando estaba en la secundaria, papá llegó de la oficina, miró alrededor de la mesa de la cena, y nos dijo a todos: «Hagan sus maletas. Mañana por la mañana volamos a Hawái por un par de semanas».

Un fin de semana en un Buick

Un vendedor de Buick estaba fastidiando a papá para que cambiara su Buick por uno nuevo. Papá respondió: «El que tengo ahora está bien por el momento, pero gracias». El tipo no se rendía: «Ah, doctor, llévese este por el fin de semana y pruébelo». Era un convertible blanco año 59 con tapicería plisada. El tipo cansó a mi papá y este consintió. Yo no tenía idea de nada de esto pero vi ese hermoso convertible cuando llegué a nuestro lugar en la playa Puget Sound.

Papá sonrió, me tiró las llaves del auto, y dijo: «¡Que tengas buen fin de semana!».

Robo de árboles

En el trayecto a nuestra granja en el Valle Ohop, pasábamos por el Fuerte Lewis. Una vez mi papá se estacionó en la orilla del camino y dijo: «Ven, Rod». Abrió el maletero del auto, sacó la barreta y algunos diarios, y empezó a arrancar algunos pinos de Oregón (quería plantarlos en nuestra propiedad en la playa). Él sabía que eso era completamente ilegal (¡estaba anunciado como tal!). Así que arrancamos a toda prisa como una docena de arbolitos, envolvimos las raíces en diario, y los pusimos en el maletero. Todo esto fue muy, apurado y rápido. Con la prisa, terminamos, y papá cerró rápido y de golpe el maletero, ¡y al hacerlo cortó su caña de pescar favorita (y costosa) por la mitad! Volvimos al auto, y me di cuenta de que era *una oportunidad perfecta para una charla moral sobre robar desde propiedad del gobierno.* ¡No! Solo una hilarante risa de su parte, una risa en la que toda la familia lo acompañó.

Dinero para la universidad

Había venido a casa desde la universidad (Universidad de Washington) un fin de semana. Durante ese tiempo, mi papá preguntó: «¿Cómo estás de dinero?». Yo respondí: «Estoy bien». Papá dijo: «No, no estás bien. No es bueno ser pobre —o estar cerca de serlo— en la universidad. Voy a poner un poco más en tu cuenta esta semana».

Davis Garton, Magister
Concordia University Irvine

¡Siempre disponible!

La gente aficionada al deporte suele hablar de las habilidades que poseen los deportistas que la persona promedio no tiene. ¡Puede correr tan rápido! ¡Ella puede hacer tiros perfectos! ¡Oh!, ¿cuánto puede saltar? Pero, al fin y al cabo, la habilidad más importante que un deportista puede tener es una que incluso la persona común puede tener. ¿Está disponible el deportista para jugar cuando se lo necesita? ¿Está ahí para sus compañeros cuando más lo necesitan? La habilidad más importante es la disponibilidad.

Mi padrastro es el hombre más común que conozco. No es capaz de clavar un balón en el aro. No es muy hablador. Le gustan los trenes y mira el canal History. Usa sweaters y va al refrigerador por una merienda a media noche de vez en cuando. Mientras yo crecía, él era el hombre común de mandos medios, conductor de minivan y con corte de pelo militar que todos conocemos. Y él siempre estaba ahí, siempre *disponible*.

Si yo tenía un partido de béisbol de pequeñas ligas, él estaba ahí mirando en silencio en el fondo de las gradas. Si yo necesitaba que me recogieran en la casa de un amigo a las 7:00, él estaba allí esperando a las 6:50, listo para llevarme a casa cuando terminara. Si mi mamá necesitaba un ingrediente a las 9:00 para la comida que estaba preparando para su merienda del día siguiente, él estaba ahí a su disposición, listo para ir a la tienda, hurgar entre los pasillos, y volver con el producto correcto (o a veces equivocado).

Algunos de mis recuerdos más preciados de cuando era niño fueron los momentos que pasé con la familia después de la escuela. Mi hermano y yo jugábamos con nuestros bloques de madera, construyendo rampas de fortalezas para lanzar nuestros demás juguetes. Cuando mi papá llegaba del trabajo, entraba por la puerta y nos saludaba, iba hasta su cuarto, se cambiaba, y luego volvía, a menudo sin decir nada, y construía fuertes con nosotros. Cuando podíamos oler la cena que mi mamá estaba cocinando, los tres nos lavábamos las manos y nos sentábamos a la mesa, listos para comer en familia. En la mesa, antes que pudiéramos pensar en comer, él oraba por la comida y por nuestra familia; una oración sencilla y sincera, pero una que siempre decía. Él fue una presencia constante y amorosa en mi vida.

Hasta el día de hoy, puedo contar con que él estará disponible para mi esposa y para mí. Está disponible cuando nuestro lavaplatos tiene una gotera y necesitamos que traiga algunas herramientas. Está disponible si necesitamos que alimente los gatos cuando salimos por el fin de semana, a pesar de que es alérgico. Cada domingo se sienta con nosotros en la iglesia, alabando al Señor y escuchando cada mensaje con nosotros. Puede que no sea el hombre más interesante, el más divertido, o el más fuerte, pero siempre está ahí, listo para ser mi papá.

Gilbert Fugitt, EdD
Concordia University Irvine
El accidente en la nieve

Recuerdo un día en Kansas, durante una fuerte tormenta de nieve, que la camioneta de un hombre se salió del camino y se fue contra un lomo de nieve. Con su vehículo atascado, él caminó hasta nuestra casa. Nosotros vivíamos en el campo, y él necesitaba un lugar donde pasar la noche, porque la quitanieves no iba a venir en mucho tiempo. Me dijeron que le cediera mi cama al hombre. Después que le habíamos dado algo de comer y él se dio un baño, me di cuenta de que realmente todo el mundo es nuestro prójimo. Al día siguiente, cuando pudo retomar su rumbo, simplemente dijo gracias. De mi papá aprendí que ayudar a otros no es algo que hacemos porque podríamos obtener algún beneficio; estamos todos juntos en este mundo, y necesitamos ayudarnos unos a otros.

Papá y yo

Ahora tengo dos pequeñas hijas propias, y cada miércoles en la noche vamos a la clase Papá y Yo. He descubierto que la clase no es la parte importante... la causa de su entusiasmo es pasar a McDonald's antes de la clase. Cada una recibe una Comida Feliz, y yo recibo una comida de valor extra; sin embargo, el verdadero «valor» es que hemos conocido a Fernando, que es un cuidador. Es una persona con necesidades especiales que conoce a las niñas y ha limpiado cuando ellas han derramado su leche. Siempre pregunta cómo están. Yo trato de imitar la manera en que mi papá se tomaba el tiempo para hablar con los demás. No quiero que mis hijas sientan que no tienen permitido conocer a personas diferentes. Cuando andamos a toda prisa por este mundo, especialmente en el sur de California, olvidamos que Dios nos ha dado oportunidades de impactar a las personas cada día simplemente haciendo una pausa.

CAPÍTULO 10

El padre en la vida cotidiana

La idea del padre como analogía del ser (*analogia entis*) para un Dios de gracia ofrece un modo teológico de pensar acerca de la paternidad. Esta analogía del ser provee un modo teológico de pensar acerca de cómo el padre y la paternidad también influyen en la familia. La recuperación de una teología de la paternidad, o una apologética a partir de la paternidad, puede ayudar a los hombres a influenciar a su familia en un nivel más profundo en tanto que intentan aplicar su fe a su vocación de padre.

Esta apologética es más que solo una defensa de la fe; es una teología de cómo vivir como un padre. No solo tiene que ver con cómo llevar a nuestros hijos a la fe, sino con nuestra propia santificación y buenas obras como padres. En este sentido, es una teología de la vida cotidiana del papá en el hogar. Lo que nos dice es que no es necesario que los padres cristianos estén «llamados específicamente» a la iglesia para que sean evangelistas o apologetas de la fe cristiana, ni tampoco debe verse la paternidad como un complicado conjunto de proposiciones teológicas. La paternidad más bien se vive, y los hijos son evangelizados vocacionalmente. Es en las experiencias notoriamente cotidianas que un padre provee la magia, y es también la forma en que ocurre la labor evangelística y apologética. La paternidad, entonces, se debe vivir en la familia, comoquiera que esté constituida en sus diversas materializaciones. Esto puede parecer un tanto trivial, pero es nuestro propio pecado lo que lo hace parecer así. Para Dios y para los hijos, está en la magia del evangelio. Vivir la vida como un padre benigno en una familia es una forma en que nos convertimos en un «pequeño Cristo» para el mundo.

El padre y sus dos hijos perdidos y hallados

Esta obra se apoyó en la parábola del hijo pródigo con el fin de construir un modelo concerniente al rol evangelístico y apologético del padre en el hogar. De la parábola obtenemos una imagen de quién es Dios el Padre y cómo es visto a modo de analogía mediante las acciones de un padre terrenal. La historia de los dos hijos es nuestra historia. Un hijo es exteriormente rebelde y el otro es santurrón y mojigato. Ambos hijos necesitan perdón y ninguno confía en la gracia del padre para otorgarlo. No obstante, en ambos casos el amor del padre es evidente en su disposición a perdonar:

> Todavía estaba lejos cuando su padre lo vio y se compadeció de él; salió corriendo a su encuentro, lo abrazó y lo besó. El joven le dijo: «Papá, he pecado contra el cielo y contra ti. Ya no merezco que se me llame tu hijo». Pero el padre ordenó a sus siervos: «¡Pronto! Traigan la mejor ropa para vestirlo. Pónganle también un anillo en el dedo y sandalias en los pies. Traigan el ternero más gordo y mátenlo para celebrar un banquete. Porque este hijo mío estaba muerto, pero ahora ha vuelto a la vida; se había perdido, pero ya lo hemos encontrado». Así que empezaron a hacer fiesta[1].

En este nuestro máximo ejemplo de paternidad, el padre está llamado a ser un perdonador. Esta es su tarea personal. Como padres, esta es también nuestra tarea personal, nuestro llamado, nuestra vocación: como perdonadores.

En este libro he sostenido que la vocación de padre se desarrolla en muchos ámbitos diferentes que sirven de escenario para nuestras otras diversas vocaciones: hombre masculino, esposo, papá, portador de magia, proveedor, y cabeza del hogar. Cada una de estas es crucial para la tarea. En conjunto, constituyen lo que significa ser un padre. Cuando Dios estableció por primera vez la vocación de padre, al parecer tenía en mente que se desempeñara por medio de los aspectos cotidianos de nuestro ser como hombres llamados a ser fructíferos y multiplicarse. No obstante, una cosa quedó fuera de esta descripción. Los padres cristianos, que están llamados a ser buenos papás, están llamados en primer lugar a la fe; es decir, a ser cristianos.

En los Salmos leemos: «Tan compasivo es el Señor con los que le temen como lo es un padre con sus hijos»[2]. Al parecer el tener compasión es una parte esencial de ser padre. La compasión y el perdón son características personales con las que los padres son bendecidos según el orden natural de las cosas tal como Dios lo pretende. Así que, por supuesto, entonces, no todos los padres son compasivos. Pero que a un padre le falte compasión parece ser una corrupción y no la norma. En consecuencia, según el orden natural de las cosas, se deleitan en sus hijos: «Los hijos son una herencia del Señor, los frutos del vientre son una recompensa. Como flechas en las manos del guerrero son los hijos de la juventud. Dichosos los que llenan su aljaba con esta clase de flechas. No serán avergonzados por sus enemigos cuando litiguen con ellos en los tribunales»[3].

Tal como analizamos anteriormente, los hijos están llamados a amar y honrar a sus padres, y esto tiene una promesa: «Honra a tu padre y a tu madre, para que disfrutes de una larga vida en la tierra que te da el Señor tu Dios»[4]. No obstante, los padres también tienen un llamado y un mandato. La labor de un padre es instruir; su labor es no exasperar a sus hijos sino criarlos en la misericordia del Señor: «Hijos, obedezcan en el Señor a sus padres, porque esto es justo. "Honra a tu padre y a tu madre —que es el primer mandamiento con promesa— para que te vaya bien y disfrutes de una larga vida en la tierra". Y ustedes, padres, no hagan enojar a sus hijos, sino críenlos según la disciplina e instrucción del Señor»[5].

Vivan como los hombres que están llamados a ser

Vivir como los hombres que hemos sido llamados a ser significa que vivimos como hombres que aman. El apóstol Pablo es claro al respecto en 1 Corintios cuando afirma que, sin importar lo que digamos, si hablamos sin amor, no somos mejores que un gong que resuena:

Si hablo en lenguas humanas y angelicales, pero no tengo amor, no soy más que un metal que resuena o un platillo que hace ruido. Si tengo el don de profecía y entiendo todos los misterios y poseo todo conocimiento, y si tengo una fe que logra trasladar montañas, pero me falta el amor, no soy nada. Si reparto entre los pobres todo lo que poseo, y si entrego mi cuerpo para que lo consuman las llamas, pero no tengo amor, nada gano con eso. El amor es paciente, es bondadoso. El amor no es envidioso ni jactancioso ni orgulloso. No se comporta con rudeza, no es egoísta, no se enoja fácilmente, no guarda rencor. El amor no se deleita en la maldad, sino que se regocija con la verdad. Todo lo disculpa, todo lo cree, todo lo espera, todo lo soporta. El amor jamás se extingue, mientras que el don de profecía cesará, el de lenguas será silenciado y el de conocimiento desaparecerá. Porque conocemos y profetizamos de manera imperfecta; pero cuando llegue lo perfecto, lo imperfecto desaparecerá. Cuando yo era niño, hablaba como niño, pensaba como niño, razonaba como niño; cuando llegué a ser adulto, dejé atrás las cosas de niño. Ahora vemos de manera indirecta y velada, como en un espejo; pero entonces veremos cara a cara. Ahora conozco de manera imperfecta, pero entonces conoceré tal y como soy conocido. Ahora, pues, permanecen estas tres virtudes: la fe, la esperanza y el amor. Pero la más excelente de ellas es el amor[6].

Así que, en un sentido, no importa cómo te trató tu padre; quizá ni siquiera importa si tuviste un padre. Lo que importa es quien eres tú. Eres un hijo libre de Dios, y si estás leyendo esto, probablemente seas padre. Los que han sido llamados a la fe también han sido llamados a la libertad en Cristo. Es la libertad lo que nos permite amar verdaderamente. Pablo puede decir lo que dice en 1 Corintios 13 porque no está hablando a los que aún son esclavos de la ley y la muerte que ella acarrea. Cristo es el fin de la ley para nosotros[7]. Somos libres. Al ser libres, ahora somos libres para ser siervos unos de otros con amor. Es por ello que el amor es el más grande, porque su origen es la libertad. Por lo tanto, a la vez también nosotros somos libres para perdonar.

Algunos criticarán la idea de que el padre tenga un orden específico en la vida, en la familia, y en el hogar, porque lo que aquí se presenta puede parecer alguna forma de orden social retrógrado y anticuado. No obstante, por la Palabra de Dios sabemos que él muy a menudo tiende a actuar a través de estos órdenes sociales de la manera y por la razón que él decida hacerlo[8]. Vocacionalmente, el rol del padre siempre será diferente al de la madre. Puede que decidamos negar esta realidad, pero nuestra negación no equivale a cambiar el modo en que las cosas son.

La mejor forma de entender esto, insisto, es visitar la analogía primordial de Dios como Padre que tenemos en el texto. La parábola del hijo pródigo es el canal por el cual llegamos a entender la gracia, el perdón, y la compasión de un padre por sus hijos. La vocación del padre en el relato está conformada por todas las vocaciones complementarias antes mencionadas: hombre masculino, esposo, papá, portador de magia, proveedor, y cabeza del hogar. Este no es un orden estático. Más bien, esta presentación está viva y activa e incluso es interactiva en la forma en que se realiza. El padre no es permisivo de ninguna maldad; más bien promueve la libertad y concede el perdón.

Toda la Escritura contradice la negación de este orden. El padre debe dar palabras de aliento y amor para exhortar a su familia en el amor del Señor: «Saben también que a cada uno de ustedes lo hemos tratado como trata un padre a sus propios hijos. Los hemos animado, consolado y exhortado a llevar una vida digna de Dios, que los llama a su reino y a su gloria»[9]. Además, él es la cabeza de la casa: «Porque el esposo es cabeza de su esposa, así como Cristo es cabeza y Salvador de la iglesia, la cual es su cuerpo»[10]. Pero su condición de cabeza tiene el propósito de señalar al amor, el perdón y el aliento. No es una cabeza que domina con prepotencia a aquellos a los que está llamada a servir. Es una cabeza con el propósito de ser esa *analogia entis* de un Dios bueno y lleno de gracia.

En el libro *God at Work* (Dios en el trabajo), Gene Veith describe la realidad de que como cristianos no renunciamos al orden natural de las cosas o nuestras vocaciones terrenales, sino más bien ahora las aceptamos con libertad y amor. Veith explica que «cuando él dice que vivan como fueron llamados, está diciendo, entre otras cosas, que no cambien sus distintas vocaciones solo porque se hicieron cristianos»[11]. Antes bien, entiendan que el orden de Dios, o el primer uso de la ley, todavía está vigente entre los cristianos.

En consecuencia, reconocemos que algunas cosas que hacemos como hombres, correcta o incorrectamente, respaldan nuestra vocación de padres, mientras que otras la desmerecen. Cuando usamos nuestro poder para que sirva solo como medio de castigo e intimidación, desmerecemos el propósito de nuestra condición de cabeza y padre. Cuando faltamos el respeto a nuestro llamado como esposo para nuestra esposa, les enseñamos a nuestros hijos que nuestra gracia tiene límites. Cuando no amamos, demostramos que malentendemos lo que implica para Dios amarnos, a saber, la expiación efectuada por su propio Hijo. Pero el evangelio cambia todo eso. El evangelio irrumpe y pronuncia paz, esperanza, liberación, perdón, y amor a nuestro corazón. Y llevados por esa poderosa Palabra de vida nos dirigimos a la vida de nuestra familia pronunciando las mismas palabras de paz, esperanza, liberación, perdón y amor. Cuando hacemos esto, les enseñamos a nuestros hijos que la gracia de Dios no tiene límites porque se necesitó una gracia ilimitada para perdonarnos. Cuando actuamos con amor, meramente proyectamos un pálido reflejo del amor de Dios. ¡Pero a veces ese pálido reflejo es lo justo y necesario para brindar esperanza!

La aplicación en la vida real parece ser que, como padres, necesitamos aceptar nuestra vocación tal como Dios nos la ha entregado o donado. Esto supone tener confianza en nuestra condición de padres; no deseando ser algo que no somos, sino reconociendo nuestra paternidad como un regalo de Dios. También implica que no es necesario que neguemos nuestras otras diversas vocaciones por causa de la paternidad. Un hombre masculino puede ser un buen padre y debe serlo. Pero muy a menudo esa fuerza se manifestará en amor. Un padre debe ser en primer lugar un esposo, y también debería reconocer que ese es su primer llamado en el hogar. Si padre y madre abordan la vida familiar juntos, solo entonces un padre será libre para ser un «buen papá».

Incluso los malos padres pueden aprender a ser buenos papás. La vida cristiana está llena de altibajos. Las personas maduran y aprenden a crecer en la fe. Si estás leyendo este libro, sospecho que es porque eres un buen padre que necesita aliento o un padre que está luchando y necesita ayuda. Como he dicho desde el principio, este libro no necesariamente pretende ser un manual práctico de paternidad. Sin duda a veces puede serlo, pero su propósito es incentivarte con amor. Mi intención es mostrarte la importancia de tu vocación como papá. Este es un llamado tan grande que literalmente les señala a tus hijos, de una forma real y sustancial, a la cruz de Cristo y a un Dios de gracia que los ama y los desea como sus hijos. Mis únicas palabras de consejo intencionalmente práctico para ti serán estas: estás perdonado en Cristo. Él te ha llamado para él y para ser papá. Ten confianza en el propósito de Dios para ti como padre. Como padre, estás en una posición de ser una analogía del ser de un Dios bueno. Dios te ha llamado a esto y tú meramente estás siguiendo los pasos que él te ha expuesto. Vive libremente como el papá que Dios te ha llamado a ser.

El descanso de un padre

Como decía Papá Rod: «Cuando muere un buen padre, siempre es demasiado pronto». Cuando comencé el relato de mi propia paternidad, confesé que nunca conocí a mi padre. Aunque nunca lo conocí, lo extraño todos los días. Anhelo escuchar su voz hoy tanto como creo que lo hice el día en que nací. Él es parte de mí, y mi *analogia entis* a veces opera a la inversa. Sé que mi Dios me ama y es mi Padre. Cuando leo el hijo pródigo, sé que es a mi Padre celestial que se está describiendo, pero no puedo evitar sustituir mi propia imagen mental de mi papá. Todos nuestros papás llegarán al bendito descanso un día, y nosotros quedaremos aquí a la espera de nuestra reunión en el paraíso. George Macdonald hace eco del profundo dolor de la pérdida de nuestro padre.

A mi padre

Toma, Padre, de las primicias de tus cuidados,
envueltas en las tiernas hojas de mi gratitud
que tarde ha despertado a los tempranos dones incomprendidos;
reclamando en todas mis cosechas la parte debida,
ya sea con un canto que se eleva alegre en el aire
alabo a mi Dios; o con un talante aún más profundo
me siento callado pues conozco un bien indecible
que no precisa voz, sino el alma toda para orar.
Tú has sido fiel a mi mayor necesidad;
y para mí, tu deudor, para siempre, perpetuamente,
jamás será gravosa la carga de gratitud.
mas mi sumo agradecimiento no es por algún acto,
sino por la noción que generó tu ser en vida:
que la paternidad está en el centro del mundo inmenso.

Toda la infancia te envolvió la reverencia, indistinto,
como si de un ser de otra raza se tratara;
¡oh!, no se han ido con ella —he crecido rápido
y los años me han dado la mente superior del hombre,
capaz de ver tu vida humana detrás—,
el mismo corazón oculto, el rostro revelador;
mi propia sombría pugna se aquieta en la gracia,
compuesta de tristeza, lucha y victoria.
Contemplé, pues, a mi Dios en la mañana de la infancia,
una bruma, oscuridad, enorme y distante,
inmóvil y sombrío; apenas podía yo decir «Tú eres».
Llegó mi hombría, hija del gozo y la tristeza;
pronto la densa niebla, disipada por completo,
reveló la gloria del hombre, el gran corazón humano de Dios[12]

George MacDonald
Algiers, Abril, 1857.

También nosotros, como padres, enfrentaremos nuestro último llamado, y moriremos. Dejaremos aquí a nuestros hijos e hijas y nos iremos a estar con nuestro Padre celestial. En ese momento, ya no nos apoyaremos únicamente en el pálido reflejo que son todas las cosas de esta tierra. Más bien lo veremos a él cara a cara. En ese momento, habiendo sido llamados al hogar en la fe, oiremos a nuestro Padre decir: «¡Hiciste bien, siervo bueno y fiel! En lo poco has sido fiel; te pondré a cargo de mucho más. ¡Ven a compartir la felicidad de tu señor!»[13]. Además, el texto nos dice que nuestra respuesta será: «Somos siervos inútiles; no hemos hecho más que cumplir con nuestro deber»[14]. Todo padre ha respondido la pregunta: «Papá, soy tu hijo, ¿verdad?» o, «Papi, soy tu niñita, ¿verdad?». Cuando estamos cara a cara con el Señor y afirmamos que solo somos siervos cumplen con su deber, simplemente estamos reconociendo que él sabe quiénes somos. Es una presuntuosa resonancia no mayor que la voz de un hijo o hija que le pide a su padre que lo(la) reconozca como suyo(a).

Tú eres un padre. Eres el precioso papá de alguien. A veces te preguntarás, ¿qué bien estoy haciendo? Los días ocupados en limpiar desastres y reparar cosas rotas a veces te desanimarán. Pero también eres una *analogia entis* del Padre bueno y lleno de gracia que desea perdonar. Él refleja ese perdón en ti. Él también desea concederte ese perdón cuando fallas. Ten confianza en tu oficio, en tu vocación como papá. Ten presente que tus hijos anhelan tu voz así como tú anhelas que la voz del Padre te diga: «¡Hiciste bien, siervo bueno y fiel! Has sido fiel en lo poco; te pondré a cargo de mucho más. ¡Ven a compartir la felicidad de tu señor!». Sé un pequeño Cristo para ellos, y les darás el regalo de saber de primera mano que todo está dispuesto para su buen propósito. Como nos dijo nuestro Señor: «Mi Padre, que me las ha dado, es más grande que todos; y de la mano del Padre nadie las puede arrebatar»[15]. Todo está en las manos del Padre.

Fin

Epílogos

Por qué las hijas necesitan padres

Joyce L. C. Keith

Para Scott y para mí, uno de nuestros días más felices juntos fue el día anterior al Día de la Reforma en 1999. Recién pasada la medianoche, di a luz a mi última hija, una bebé de tres kilos y doscientos sesenta gramos, cincuenta centímetros, cabello rojo y ojos azul claro. La llamamos Autumn Whitney Grace. Fue arrojada a los brazos de su padre, quien no solo tenía lágrimas de alegría, sino que ahora le temblaban las rodillas y sentía pánico en el corazón, pues el doctor me llevó a una cirugía de emergencia. En ese momento, él sostenía nuestra tercera hija y oraba sin cesar que no tuviera que continuar solo. Estaba aterrado por decir lo menos, pero ahí estaba sosteniendo a esta hermosa niñita. ¡Una niñita! Cuando descubrimos que íbamos a tener a una niña, me miró directo a los ojos y dijo: «Los Keith no hacen niñas!». Bueno, yo tenía la imagen de ultrasonido que demostraba lo contrario, y con el rápido pasar de los siguientes tres meses en las montañas de Lake Arrowhead, California, compramos cosas color rosa y debatimos sobre qué nombre ponerle a esta niña que llegaría pronto. Quince años después, él la mira con la misma alegría que aquel día de 1999. Ya no tiene tanto pánico. Simplemente la ama. Es un amor que lamentablemente yo no tuve de mi padre, salvo en algunas ocasiones.

Mis más tempranos recuerdos son de mi padre dándome paseos a caballo en la sala de nuestra pequeña casa de ladrillo en Chicago. Mi papá era un hombre bastante grande. Hasta donde yo sabía, era un gigante, con una altura de un metro noventa, ojos azul claro y cabello negro. Hasta donde puedo recordar, siempre luchó con su peso. A veces estaba delgado y pesaba 100 kilos, y recuerdo que un par de veces inclinó la balanza hasta alrededor de 180 kilos. No obstante, siempre fue un tipo grande. Cuando volvíamos tarde a la casa desde algún tipo de fiesta, yo solía fingir que estaba dormida. Quería que esos enormes y fuertes brazos me subieran por la escalera del frente hasta la casa, me sacaran los zapatos y me metiera segura y abrigada en la cama. Así era mi papá cuando yo era niña. Las niñas aman a esos hombres gigantes. Los papás son gigantes, ¿sabes? Yo tal vez medía menos de un metro; para nosotras, ustedes se ven como si pudieran tocar las nubes. Pueden alcanzar cualquier cosa. Nuestro papá es nuestro caballero de brillante armadura. Puedes matar dragones y rescatar a la princesa de su peligro inminente. Puedes arrojarme por el aire, y nunca tendré miedo de caer. Daré gritos de alegría. Me aferraré a tu pierna y te haré caminar por la casa conmigo porque eres muy fuerte. ¡Eres mi papá!

Yo estuve muy enferma durante la mayor parte de mi año de kindergarten, entrando y saliendo del hospital, y recuerdo que él venía muy temprano en la mañana. Yo despertaba cuando el sol recién salía y veía la sombra de ese hombre gigante y afligido que lloraba junto a mi cama. Acababa de llegar a casa desde el turno nocturno y se sentaba junto a mí antes de irse a la cama. Tomaba mi frágil mano y me decía que me amaba, y luego besaba mi frente afiebrada y salía al pasillo, tratando de ocultar sus lágrimas cuando salía rápidamente de la habitación. Yo podía ver sus hombros temblando mientras intentaba ocultarme su temor. Los papás aman a sus hijas.

Lamentablemente, nuestra hija también estuvo muy enferma en su año de kindergarten. Tenía un terrible y misterioso sarpullido con picazón que le cubría casi todo el cuerpo, ¡y se movía! Le dio una fiebre grave, y los doctores estuvieron perplejos durante meses. Su padre vertía suavemente agua de tina con sal de Epsom sobre su cuerpo tembloroso tratando de bajarle la fiebre. Ella era la reina de los baños de fiesta del té, y no se permitía agua caliente, así que papá encontró la forma de que funcionara. Ella era fuerte; rara vez se rascaba y se volvió una voraz lectora ese año. Hoy todavía lo es. Pero cuando mejoró, su papá fue el primero en asegurarse de que siguiera aprendiendo a hacer todas las cosas que sus hermanos mayores estaban haciendo: andar en skate, en bicicleta, nadar, correr. Ella hacía todo lo que ellos hacían, y su papá se aseguraba de que, si ella quería hacer algo, le conseguiríamos todo lo que necesitara para hacerlo. Él le daba momentos de magia. Un skate hecho a la medida, la bicicleta más genial cada vez que la anterior le quedaba chica, lentes ajustados a su diminuta cabecita, lecciones de cabalgata; él le daba todas estas cosas para que ella supiera que sus necesidades siempre serían satisfechas, y lo serían con cumplimiento inmediato. Alguien podría decir que era consentida, pero también se podría decir que su papá la amaba muchísimo.

¿Pero qué sucede? ¿Por qué muchos papás dejan de mostrar ese amor? ¿Por qué, oh, por qué, cuando comenzamos a hallar un poco de actitud y expresión personal, nos dejan alejarnos? En el capítulo 7, mi esposo aborda una posible razón. Él dice que cuando a un hombre se le quita el empleo, es probable que él lo deje ir. Los hombres, como he llegado a descubrir, son simples. Sí, les gustan los deportes, su camisa favorita que tienen desde la universidad, y sus películas o lo que sea; son simples. Nosotras las chicas a veces nos damos cuenta de ello y pestañamos rápido y les decimos «papito» para lograr que nos den lo que queremos. Sabemos cómo pedir lo que queremos. Pero cuando les decimos —o a veces no les decimos— que no queremos que nos hablen sobre ciertos temas (chicos, nuestro cabello, el nuevo maquillaje que nos ponemos, o el hecho de que vamos a ser una joven y tendremos periodos y usaremos sostén), no significa que deberían dejar de pasar tiempo con nosotras. Todavía somos y siempre seremos sus hijas. Tal vez ya no midamos un metro, pero sus brazos siempre son un fuerte refugio.

La voz de tu hija

Tu esposa no es la voz de tu hija. Si quieres que tu relación con tu hija continúe, necesitas hablar con ella. Tampoco eres su «mejor amigo para siempre». Eres su papá. Cambiaste sus pañales, la cargaste cuando estaba caprichosa y gritaba durante lo que parecían horas. La paseaste alrededor de la manzana hasta que se quedó dormida. ¿Por qué dejar de hacer lo necesario? Tienes permiso para decirnos que la ropa que hemos elegido no está bien. Una de las mejores historias que he escuchado sobre este tema es de nuestra amiga Jill. Cuando Jill estaba en la secundaria un día, decidió vestirse como todas las demás chicas, pero no era lo que ella usaba normalmente. Lo de siempre: ¡todos los chicos populares lo hacían! Su falda obviamente era demasiado corta y su blusa no era apropiada, y su papá la miró directo a los ojos, le tomó la mano y le dijo: «Jill, tú eres mucho más bonita que esa ropa». Y eso fue todo. No la insultó, no levantó la voz, y por cierto no la castigó. Solo le hizo saber que ella era su hermosa hija. Él estaba consciente de quién era ella, y le dijo que era bella. ¡Fin de la historia! ¡Ella dice que nunca más se volvió a poner una ropa provocativa! ¿Por qué iba a dejar que pusieran sobre su cuerpo una vestimenta que le quitaba su dignidad en incluso le robaba su belleza? Su papá la amaba, y se lo dijo. Y ella respetó las palabras de él sin discutir.

Mi magia con mi papá

Mi papá y yo teníamos algunos momentos especiales en el año cuando íbamos a comprar ropa. Puedo recordar desde cuando tenía tres o cuatro años que iba a boutiques con mi papá. Cada vez que íbamos de compras, él me compraba un traje a mi elección. Yo tomaba un brazado de cosas para probarme en el vestidor. Él ponía una silla fuera y me decía lo que pensaba de cada traje. Buscábamos durante horas. Luego me decía que eligiera uno, o a veces —después que seguramente había ganado un bono especial en el trabajo— ¡me decía que los llevara todos! ¡¡Magia!! Mi papá fue quien me llevó a comprar mi vestido de graduación. Incluso le insistí que me acompañara a comprar mi vestido de novia. Cada vez que necesitaba venir a casa los fines de semana desde la universidad, mi papá era quien me llevaba y me preguntaba si necesitaba un nuevo par de jeans. De camino a casa nos deteníamos en el centro comercial. Mi mamá veía las bolsas y solo volteaba los ojos. Él venía de visita a ver a sus nietos bebés y siempre me llevaba a un día de compras. ¡Magia!

Lamentablemente, mi papá ya se ha ido. En sus últimos años sufrió terriblemente de depresión y finalmente se quitó la vida un sábado por la mañana en la primavera del 2012. Me duele el corazón por escuchar su voz. Lo extraño mucho, y nunca pude imaginar que muchos años después aún sería tan difícil. No fue el mejor papá, pero era mi papá. Me dejó ir demasiado pronto cuando yo me estaba volviendo una joven, pero sus ojos nunca estuvieron tan felices como el día en que me entregó a mi esposo. Una vez más, en su forma gigante, caminó conmigo del brazo hasta el altar, temblando ligeramente, mientras levantaba mi velo —separando el meñique—, me daba un beso y me entregaba a Scott. Trató de contener las lágrimas, pero una vez más sus hombros lo delataron. Bailamos nuestra pieza de padre e hija como dos personas que tenían un vínculo tan fuerte que nos ataba desde mi nacimiento.

Las hijas necesitan a sus padres. Yo no vi a mi papá con mucha frecuencia en sus últimos años, porque vivíamos a muchos kilómetros de distancia. Él pasaba la mayoría de sus días encerrado en su oscura habitación. Mi madre apenas lograba que saliera, pero cuando yo efectivamente llegaba a su casa, entraba a ver a ese gigante en su frágil estado, lo tomaba de la mano y le besaba la frente, y le decía que lo amaba y que la cena era a las cinco. Yo estaba cocinando, y a las cinco en punto lo veía en la mesa. Él comía, sonreía, y comenzaba a ser mi papá de nuevo, porque a los papás no les gusta parecer débiles ante sus hijas, aun en su peor estado.

Él me llamo una semana antes de morir. ¿Sabes lo que es nunca olvidar la última vez que hablaste con alguien? Yo estaba sentada en mi auto en un aeropuerto, esperando para recoger a Scott cuando mi papá llamó. Me habló en uno de los tonos más felices en que lo escuché platicar en años. Tuvimos una gran conversación. Fue nada menos que un milagro. Mi papá sonaba fuerte y más como él mismo, más como yo siempre lo había recordado. Sé que quería esconder cómo se sentía realmente. Nunca quiso que su hija lo viera de esa forma. Días después, llamó mi mamá.

Todavía necesito a mi papá. Lo veré nuevamente en el cielo. Como me recordó Jim Nestingen mientras viajábamos para estar con mi mamá ese mismo día: «Dichosos los pobres en espíritu, porque ellos verán a Dios». Siempre veré a mi papá como alguien fuerte. Era valiente, alto y enorme, y para mí siempre será así. Él fue el primer atisbo de lo que yo quería encontrar en mi esposo. Él trataba a mi mamá como una reina. Vi con mis propios ojos cómo se suponía que debía ser un matrimonio duradero y comprometido, tanto en las buenas como en las malas. ¡Estaban a solo una semana de cumplir

Scott y su hijo Caleb en 2003

cuarenta y cinco años casados! Mi mamá nunca lo dejó, que por lo que escucho es nada menos que un milagro. Él me enseñó a disparar un arma, a limpiar pescado, y a ser una joven respetable de buenos modales que creció para ser la mejor esposa y mamá que él podría haber deseado que yo fuera. Esas manos fuertes siempre serán lo que pienso cuando pienso en mi padre. Ellas me cargaban hasta la cama aun cuando él sabía que yo estaba fingiendo estar dormida; a él no le importaba. A los papás nunca les importa realmente ser un poco mágicos para sus hijas, ¿verdad? Solo no dejes nunca que eso acabe, porque, aun cuando todos envejecemos, todavía tenemos una especial conexión como padre e hija. Siempre te necesitaremos.

Por qué los hijos necesitan padres

Dr. Rod Rosenbladt

Recuerdo que Paul Fairweather comentaba que las mujeres, y especialmente las madres, son expertas en el cuerpo y en nuestras necesidades corporales. Si eso es cierto, tiene sentido entonces que las mujeres siempre sepan alrededor de noventa veces más que cualquier hombre acerca de las necesidades físicas de los hijos.

Por otra parte, los padres son la fuente de «inspiración» para sus hijos, aunque no en el sentido bíblico o del «oráculo del Delfos». Creo que a lo que Paul apuntaba es algo cercano a lo que todos nos referimos cuando hablamos de «aspirar». En ausencia del padre, los hijos no «aspiran», ni siquiera saben cómo «aspirar»; es como mínimo algo efímero y como máximo está ausente en sus consciencias.

Paul también nos enseñaba que cualquiera y todos los padres que simplemente «son padres» de una forma u otra —más siendo que haciendo— les están diciendo a sus hijos que la ley no tiene, y no tendrá, la «última» palabra en el universo.

A los hijos se les da esto diariamente, no como «lecciones» sino simplemente con el hecho de que los padres los observen, los escuchen, y estén con ellos. La mayoría de los hombres aquí se preocuparía por el «caos», la «anarquía», la «evasión de la enseñanza de la responsabilidad», y todo lo demás. A Paul no le preocupó. Él operaba al nivel de «lo que el hijo necesita» más que preocuparse por las diez formas en que las cosas pueden salir mal. La justificación para él no provenía de la instrucción formal sino más bien de la manera en que su propio padre se relacionó con él desde los primeros días.

Una vez la escuela llamó al hijo de Paul por «ser irresponsable». Para empeorar las cosas, le pidieron a su papá que se presentara. Paul le devolvió la pelota a la escuela ¡y le dijo al director que evidentemente la escuela no le proveía casi nada valioso a su hijo a lo cual «responder»! Paul rescató a su hijo ese día. Eso es lo que hacen los papás.

Paul solía implicar que los hijos necesitan padres con urgencia porque es imposible que los hijos «inventen» un padre. Simplemente no se puede. Y cuando el hijo sin padre lo intenta, siempre viene como una categoría de «poder» y se convierte en el impulso para la formación y reclutamiento de pandillas urbanas. Así es como luce en sus imaginaciones huérfanas. Y desde luego, no es (al fin y al cabo) su culpa. Lo que realmente necesitaban era un papá, día tras día. Tales muchachos habrían visto que sus padres finalmente no se definen por el poder; se definen por la gracia (como me han escuchado decir tantas veces). Los padres son analogías que viven y respiran, que dicen, solo con su silencioso ser, que en el universo hay algo (¿Alguien?) que anulará la ley y no permitirá que esta tenga «la última palabra».

¿Se involucrarán los padres en algún acto de disciplina? Sí, por supuesto. Pero, una vez más, Paul decía que los padres no estamos «programados» para eso. Lo hacemos —especialmente cuando la situación es «urgente»— pero no arbitramos cada cuestión menor de la manera en que una mamá suele tener que hacerlo todo el día y cada día. La mamá reconoce que ella está mejor equipada para impartir justicia familiar y a veces de hecho dirá que es su vocación de un modo que no es igual que el del papá de los chicos. Es inusual, ¡pero es como un regalo del mismo cielo si ella «capta» eso y lo dice!

Probablemente me has escuchado citar a Paul: «El llamado a ser una madre no solo es difícil. ¡Es imposible!». Era una hipérbole, pero creo que estaba usando la hipérbole (¿cómo Lutero?) para hacernos entender un punto a todos los hombres: «Nunca den por sentado lo que hace una buena mamá cada día con sus hijos. ¡Jamás!».

Eso me hace pensar en la película *Señor mamá*. La premisa de la mujer trabajando y el hombre en casa con los hijos está muy bien retratada: él está abrumado, como pez fuera del agua, haciendo algo ajeno a él a cada hora, desesperado, e irrisoriamente inepto. Pero si un cineasta puede retratar semejante diferencia y sostenerla para que todos la vean, debe haber algo «universal» o «común» en ello. Si no es así, ¿por qué nos reímos y lloramos? Es el reconocimiento de que de alguna forma «hay una diferencia real» —y no a causa de un «condicionamiento social» tampoco. Es algo óntico.

A cada hora, cada instante de mamá o papá —especialmente hasta la edad de siete años— llega hasta el hijo o hija y lo forma. Piensa en experimentos, por ejemplo, con patitos y la «impresión». Hay una ventana de tiempo en la que incluso los animales captan quién es su madre. Si se la reemplaza con una mamá mecánica durante esa ventana, la cría desde entonces verá a la mamá mecánica como la real. Creo que la mayoría de los psicólogos dicen que una vez que esto se imprime, es para siempre, y la verdadera mamá pata no lo puede borrar de ningún modo. Paul solía preguntarnos: «¿Qué cosa pasa por alto un niño?». Y la respuesta era «¡nada!». Todo entra, sin filtro. Y todo siempre está «formando» a un hijo o hija, satisfaciendo sus verdaderas necesidades o no.

El lado «positivo» de esto es lo que Paul solía decir: «La salud es relativamente simple, llana. Es la neurosis la que es enrevesada, compleja, como un laberinto».

Él me dijo una vez: «Tú tienes una gran deuda, Rod, con alguien de quien nunca has oído ni has conocido». Por supuesto, yo pregunté por qué. Él dijo: «A partir de tu descripción de tu abuelo paterno y tu abuela paterna, sé que algún hombre más antiguo ayudó profundamente a tu papá a definir [palabra inadecuada] quién era él. Un hombre como tu papá no pudo haber sido lo que obviamente era solo por causa de tus padres. Algún hombre mas antiguo realmente lo ayudó en el camino».

Tomé consciencia de muchos de los maravillosos regalos que me dio mi padre desde mis primeros años solo muchísimo tiempo después. Supongo que eso no es tan inusual en el caso de padres e hijos.

Algunos son tan básicos que es demasiado fácil darlos por sentados. Pienso en crecer como un muchacho en una casa que mi padre se preocupó de que fuera segura. Aquí no estoy pensando tanto en seguridad de peligrosos delincuentes, sino de terribles arbitrariedades. Más tarde aprendí que los niños que crecen en hogares relativamente deplorables aun podrían sobrevivir a ello. Lo que destroza a un joven hijo o hija es un ambiente donde las reglas siempre están cambiando y nunca se puede contar con ellas día a día. Eso es lo que mata. Yo podía «apostar la casa» cada día al carácter estable y benigno de mi padre. No variaba. Y aunque rara vez nos aleccionó, «en el largo plazo» demostró que un padre puede ser el mismo día tras día, mes tras mes. Los padres no necesitan ser personas diferentes dependiendo de las circunstancias siempre cambiantes de la vida diaria. Yo no tenía idea de lo común que era para los hijos hacer una rápida «lectura» del humor del papá cuando llegaba del trabajo. Yo no tuve que hacer eso. Y cuando era niño lo daba por hecho y nunca me di cuenta del gran regalo que eso significaba.

Otra cosa que aprecié —nuevamente, solo más tarde— acerca de mi papá fue que él estaba consciente de mis necesidades como muchacho, aun cuando yo no tenía idea. Yo necesitaba aprender desde temprano lo que era trabajar, pero no lo sabía. Mi papá ofreció hacerme un simple administrativo en su consulta médica. No era nada impresionante, aun mientras lo escribo. Pero él sabía que era importante que un hijo aprendiera a levantarse, vestirse, y presentarse en el trabajo. Y eso es importante. Él no simplemente me gritó: «Deberías ir a buscar un empleo en algún lugar, Rod». Él me proveyó uno basado en las necesidades reales de su consulta. De esa forma, pude aprender la naturaleza de tener un empleo ¡con él como jefe! Insisto, esto es bastante básico. Pero considera cuántos muchachos en nuestro país hoy no tienen esa oportunidad, cuantos chicos crecen perdiéndose la posibilidad de aprender lo que es tener un empleo durante esos tempranos años clave. Ellos están en nuestras calles, creyendo que alguien —el gobierno— debería estar enviándoles un cheque por ninguna razón.

Otro aspecto que fue un regalo de mi papá fue la total ausencia de lo que los psicólogos llaman «confusión generacional». Pienso en la cantidad de hijas a las que se les enseñó tempranamente que su llamado en la vida era «ser madres de sus propias madres». Es una espantosa confusión perpetrada contra ustedes, mujeres. ¡Una amiga psicoterapeuta una vez lo llamó «tratar de ser tu propia abuela»! Es una bendición que eso estuviera totalmente ausente en mi papá. Nunca se me dijo, ni siquiera implícitamente, que parte de ser un hijo era encargarme de mi papá. De parte de él siempre estaba claro: «Mi llamado es hacerme cargo de *ti*, no a la inversa». Al mirar atrás, pienso que mi papá se dio cuenta de que su vida podía resultar ser más corta que la de otros hombres (tuvo fiebre reumática cuando era joven, y eso causa un daño permanente en el corazón). Y mi apuesta es que, en su mente, eso se convirtió en algo así como: «Si mi vida va a ser breve, ¡debo hacer que cada día "cuente" para mi hijo y mi hija!». Lo cierto es que mi papá se vio obligado a ir a la Clínica Mayo para un trabajo de diagnóstico cuando solo tenía cincuenta y dos años (válvula aórtica dorsal tricúspide). En 1962, recién se había vuelto posible reemplazar esa válvula. Pero en aquellos primeros días, no había resonancia magnética. Simplemente se practicaba la cirugía, se encontraba el nivel de daño, se medía, y luego se pedía una nueva válvula en otra sala. Entonces se llevaba al quirófano para ser instalada. ¿Y qué descubrió el cirujano en el pecho de mi papá una vez dentro? ¡Era el corazón de un hombre de ochenta años en el pecho de uno de cincuenta y dos años! Dos de las tres válvulas se habían calcificado durante años, y su corazón había bombeado a través de solo un tercio de la abertura que debía tener. Papá nunca se desconectó del aparato cardiopulmonar. Murió en la mesa quirúrgica. Cuento esta historia porque creo que mi papá, durante años, había colmado mi infancia y la de mi hermana, basado en el supuesto de que no tendría muchos años para criarnos como hacían otros hombres. Resultó que tenía razón.

Muchos ya han escuchado mis historias acerca de mi papá que ilustran su asombrosa gracia (por ejemplo, cuando yo estaba ebrio y choqué mi viejo Buick). Pero eso no estaba ni cerca de ser inusual en el caso de mi papá. Los pastores conocen esta asombrosa gracia, pues tienen que exponer la naturaleza de la misericordia en los escritos bíblicos. Y especialmente en las parábolas de Jesús, no dista de ser asombroso, dada nuestra condición después de la Caída. (Como he dicho en otros contextos, ¡pongan la misericordia en manos de un gran cineasta y va a remecer a cada espectador!). Pero más allá de la misericordia de Dios en la Biblia está la gracia de Dios. Tal vez el mayor ejemplo de esto sea la parábola de lo que resulta ser «Los dos hijos pródigos» en Lucas 15. Lee la explicación del difunto Padre Robert Capon. No voy a recontar mis historias (hay muchas de ellas), pero mi punto aquí es que de mi papá aprendí la «gracia» una y otra vez. No por lo que decía, sino por lo que era y lo que hacía. Una y otra vez, de maneras diversas y manifiestas, aprendí de mi papá qué es la gracia de Dios. Y cada ejemplo de ello sigue grabado en mi memoria. Cómo logró hacerlo con un hijo como yo todavía me asombra, cada día. Yo era constantemente no solo perdonado, ¡sino que se me volvía a dar la totalidad de la herencia! La misericordia puede ser: «Muy bien. Voy a cancelar tu deuda y puedes "empezar de nuevo"». Pero la gracia es todavía más. Es más que «empezar de nuevo». ¡La gracia es la re-concesión de la totalidad de la herencia después de una embarrada monumental! ¡Es aún mayor que la misericordia! Papá estaba haciendo conmigo lo que nuestras Confesiones luteranas llaman el *favor dei propter Christum* (el favor de Dios por causa de Cristo), no solo una vez sino constantemente.

Notas

Capítulo 1

1 Ver Paul Fairweather, *Father Presence: The Obscure Voice of Empathy* (Aliso Viejo, CA: Author, 1997).

2 "Facts for Features: Unmarried and Single Americans Week: September 19–25, 2010," U.S. Census Bureau, accedido el 25 de mayo de 2015, https://www.census.gov/newsroom/releases/archives/facts_for_features _special_editions/cb10-ff18.html.

3 Michael S. Oden, *When Nobody's Home: The Truth behind Drug and Alcohol Addiction through the Eyes of a Probation Officer* (Bloomington, IN: Author House, 2014), 15–16.

4 Ibid.

5 *Criminal Justice and Behavior* 14 (1978): 403–26.

6 David Popenoe, *Life without Father: Compelling New Evidence That Fatherhood and Marriage Are Indispensable for the Good of Children and Society* (Nueva York: Free Press, 1996), 152. Popenoe señala que las tasas de deserción para los hijos nacidos fuera del matrimonio son del 37 por ciento, y 31 por ciento para los hijos de hogares divorciados, en comparación con solo el 13 por ciento en las familias no separadas. La información de Popenoe se originó en un estudio realizado por Sara McLanahan y Gary Sandefur. Ver también Sara McLanahan y Gary D. Sandefur, *Growing Up with a Single Parent: What Hurts, What Helps* (Cambridge, MA: Harvard University Press, 1994), 67–68.

7 Robbie Low, "The Truth about Men and Church," *Touchstone: A Journal of Mere Christianity* 16, no. 5 (2003); ver también Werner Haug et al., "The Demographic Characteristics of National Minorities in Certain European States," Council of Europe Directorate General III, Social Cohesion, no. 31 (Estrasburgo: 2000).

8 Ibíd. Como nota al margen, en los últimos dos años, me han preguntado en múltiples ocasiones por qué creo que esto es así. No tengo una respuesta definitiva. Pero si se me permite una conjetura, tengo una idea. Pienso que muchos hombres, cuando efectivamente van a la iglesia con su familia, lo hacen como uno de los hijos. En otras palabras, la mamá arrastra al marido a la iglesia tal como arrastra al resto de los hijos. El resultado es que mamá sigue siendo el líder espiritual del hogar. Si mamá y papá realmente actuaran como equipo, donde mamá sigue el liderazgo de papá, creo que los resultados serían sorprendentes. Entonces los números reflejarían que realmente es mejor que tanto la mamá como el papá se involucren en la crianza de los hijos en la fe. Una vez más, esto es solo una especie de conjetura educada.

9 2 Corintios 15:19.

10 Romanos 5:8.

11 Romanos 1:16.

12 James Arne Nestingen y Gerhard O. Forde, *Free to Be: A Handbook to Luther's Small Catechism* (Minneapolis, MN: Augsburg, 1975), 201–6.

13 Helmut Thielicke, *The Waiting Father; Sermons on the Parables of Jesus* (Nueva York: Harper, 1959), 12.

14 Gustaf Wingren, *The Living Word: A Theological Study of Preaching and the Church* (Philadelphia: Muhlenberg, 1960), 140.

15 Martín Lutero, *Commentary on the Epistle to the Galatians* (Grand Rapids, MI: Zondervan, 1949), 5.

Capítulo 2

1 Fairweather, *Father Presence*, 1–10.

2 Lucas 15:11–32.

3 Robert Farrar Capon, *The Parables of Grace* (Grand Rapids, MI: Wm. B. Eerdmans, 1988), 138–40.

4 Ro 1:24-25 NTV.

5 Capon, *Parables of Grace*, 140.

6 Lucas 15:21.

7 Lucas 15:22.

8 Isaías 61:10.

9 Lucas 15:29.

10 Lucas 15:30.

11 Capon, *Parables of Grace*, 144.

12 Ibíd.

13 Capon, *Parables of Grace*, 141.

14 Juan 14:6.

15 Juan 10:30.

16 Romanos 5:19.

Capítulo 3

1 C. S. Lewis, *The Four Loves* (Nueva York: Harcourt, Brace, 1960), 57–61. (Versión castellana: *Los cuatro amores*).

2 Robert Bly, *Iron John: A Book about Men* (Cambridge, MA: Da Capo, 2004), 61.

3 Ibíd., 62.

4 Laughlin, "Who's Minding the Kids? Child Care Arrangements: Spring 2011," U.S. Census Bureau, accedido el 27 de mayo de 2015, https://www.census.gov/prod/2013pubs/p70-135.pdf.

Capítulo 4

1 Efesios 5:25.

2 Génesis 2:23.

3 Adaptado de Gene Edward Veith, *God at Work: Your Christian Vocation in All Life* (Wheaton, IL: Crossway Books, 2002), 77–78.

4 Proverbios 22:6.

5 Génesis 2:18.

6 Génesis 1:28.

7 Romanos 1:18.

8 Ver Sarah Blaffer Hrdy, *Mother Nature: Maternal Instincts and How They Shape the Human Species* (Nueva York: Ballantine Books, 2000), 398–410.

9 Romanos 10:4.

10 Ver Econ Househ, "The Evolution of Altruistic Preferences: Mothers versus Fathers," *US National Library of Medicine National Institutes of Health* 1, no. 11 (September 2013): 421–46. También puede resultar útil la referencia a Alice Miller, *For Your Own Good: Hidden Cruelty in Child-Rearing and the Roots of Violence* (Nueva York: Farrar, Straus, Giroux, 1983).

11 Paul D. Fairweather y Donovan D. Johnson, *Symbolic Regression Psychology* (Nueva York: Irvington, 1981), 152.

12 Génesis 2:18.

13 Efesios 5:31.

14 Génesis 2:23.

Capítulo 5

1 Fairweather, *Father Presence*.

2 1 Corintios 12:14–20.

3 WA, TR, 5: 489, No. 6102.

4 Ver C. F. W. Walther y Walter C. Pieper, *God's No and God's Yes: The Proper Distinction between Law and Gospel* (St. Louis: Concordia, 1973).

5 Philip Melanchthon, LC, CA, VI, 40.

6 Lucas 15:25–30.

7 Lucas 15:31–32.

Capítulo 6

1 Romanos 5:8.

2 Aunque ningún texto centralizado plantea la doctrina de Aquino de la *analogia entis* directa y sucintamente, la *Suma teológica*, 1a.13.1-6, abarca los asuntos centrales. Normalmente cito de Tomás de Aquino, Summa Theologiae: Latin Text and English Translation, Introductions, Notes, Appendices, and Glossaries (Cambridge, Inglaterra: Blackfriars, 1964).

3 C. G. Jung y R. F. C. Hull, *The Archetypes and the Collective Unconscious* (Princeton, NJ: Princeton University Press, 1980).

4 Edmund Fuller, *Myth, Allegory, and Gospel: An Interpretation of J. R. R. Tolkien, C. S. Lewis, G. K. Chesterton, Charles Williams* (Edmonton: Canadian Institute for Law, Theology, and Public Policy, 2000), 11–32.

5 Romanos 1:18.

6 Bly, *Iron John*, x.

7 Rod Rosenbladt, «When Good Fathers Die, It's Always Too Early», (Cuando los buenos padres mueren siempre es demasiado pronto) podcast audio, sin fecha, https://shop.1517legacy.com/product/when-good-fathers-die-its-always-too-early-mp3.

8 Ver J. R. R. Tolkien, Verlyn Flieger, y Douglas A. Anderson, *Tolkien on Fairy-Stories* (Londres: HarperCollins, 2008).

9 Ibíd., 71–72.

10 Roald Dahl y Patrick Benson, *The Minpins* (Nueva York: Viking, 1991), 41.

11 Isaías 25:6.

12 Apocalipsis 19:7–9.

13 Mockingbird es un ministerio que intenta conectar la fe cristiana con las realidades de la vida cotidiana de formas nuevas y prácticas. Conócelos en http://www.mbird.com/about/history-and-mission.

14 Ver AE, 45, *On the Estate of Marriage*. «Con toda certeza el padre y la madre son apóstoles, obispos e incluso sacerdotes para sus hijos, porque son ellos los que los familiarizan con el evangelio. En suma, no hay autoridad más grande y noble en la tierra que la de los padres sobre sus hijos, porque esta autoridad es tanto espiritual como temporal. Quienquiera que enseñe el evangelio a otro realmente es su apóstol y obispo».

Capítulo 7

1 Génesis 2:22–25.

2 Efesios 3:14–15.

3 G. K. Chesterton y Alvaro De Silva, *Brave New Family: G. K. Chesterton on Men and Women, Children, Sex, Divorce, Marriage and the Family* (San Francisco: Ignatius, 1990), 145.

4 Ver Pew Research Center, "Gender Gap in College Enrollment," accedido el 28 de mayo de 2015, http://www.pewresearch.org/fact-tank/2014/03/06/womens-college-enrollment-gains-leave-men-behind.

5 Esto fue escrito originalmente el 16 de marzo de 1955, como una carta a la «Sra. Ashton» desde Magdalene College, Oxford. Esta es la cita completa: «Creo que puedo entender ese sentimiento de que el trabajo de un ama de casa es como el de Sísifo (el señor que hacía rodar una piedra). Pero sin duda en realidad es el trabajo más importante del mundo. ¿Para qué existen los barcos, las vías férreas, los mineros, los automóviles, el gobierno, etc., si no es para que las personas estén alimentadas, abrigadas y seguras en sus casas? Como dijo el Dr. Johnson: "Ser feliz en casa es el fin de todo esfuerzo humano". (1°, ser feliz para prepararse para ser feliz en nuestro verdadero hogar en la otra vida; 2°, mientras tanto ser feliz en nuestra casa). Hacemos guerra con el fin de tener paz, trabajamos para tener ocio, y producimos alimento con el fin de comerlo. Así que tu trabajo es aquel para el cual todos los demás existen». C. S. Lewis, W. H. Lewis, y Walter Hooper, *Letters of C. S. Lewis* (San Diego: Harcourt, Brace, 1993), 447.

6 Chesterton y De Silva, *Brave New Family*, 143–44.

7 Martín Lutero, LC, CMe, 352.

8 Romanos 13:9–10.

9 Fairweather y Johnson, *Symbolic Regression Psychology*, 152.

10 William H. Lazareth, *Luther on the Christian Home: An Application of the Social Ethics of the Reformation* (Literary Licensing, 2011), 138–53.

11 1 Corintios 3:9.

12 WA, 10 III, 376. Ver también Lazareth, *Luther on the Christian Home*.

13 WA, 20, 149.

14 Fairweather y Johnson, *Symbolic Regression Psychology*, 152.

15 LC, AEs IV, 319.

16 Martín Lutero, LC, AEs, Artículo 4, 319.

17 Salmo 127:1.

Capítulo 8

1 Ver Judith Warner, "'B.A.D.' Children, Worse Parents (and Even Worse Doctors)," en *We've Got Issues: Children and Parents in the Age of Medication* (Nueva York: Riverhead Books, 2010).

2 1 Corintios 1:18.

3 James A. Nestingen, "Preaching Repentance," *Lutheran Quarterly* 3 (1989): 249–65.

4 Ver NIH: National Institute of Mental Health, "Mental Illness Exacts Heavy Toll, Beginning in Youth," accedido el 29 de mayo de 2015, http://www .nimh.nih.gov/news/science-news/2005/mental-illness-exacts-heavy-toll -beginning-in-youth.shtml.

5 Karl A. Menninger, *Whatever Became of Sin?* (Toronto: Bantam Books, 1988), 110.

6 Mary T. Clark Augustine, *Selected Writings* (Nueva York: Paulist, 1984), 145.

7 Lucas 15:24.

8 Lucas 15:17.

9 Lucas 15:18.

10 Lucas 15:20–24.

Capítulo 9

1 1 Corintios 13:13.

Capítulo 10

1 Lucas 15:22–24.

2 Salmo 103:13.

3 Salmo 127:3–5.

4 Éxodo 20:12.

5 Efesios 6:1–4.

6 1 Corintios 13:1–13.

7 Romanos 10:4.

8 Ver Romanos 13:1–10.

9 1 Tesalonicenses 2:11–12.

10 Efesios 5:23.

11 Veith, *God at Work*, 161.

12 George MacDonald, *A Hidden Life and Other Poems* (Eureka, CA: Sunrise Books, 1988), 3.

13 Mateo 25:21.

14 Lucas 17:10.

15 Juan 10:29.

Bibliografía

Augustine, Mary T. Clark. *Selected Writings*. New York: Paulist, 1984.

Bailey, Kenneth E. *The Cross and the Prodigal: A Commentary and Play on the Parable of the Prodigal Son*. St. Louis, MO: Concordia, 1973.

Bly, Robert. *Iron John: A Book about Men*. Cambridge, MA: Da Capo, 2004.

Capon, Robert Farrar. *The Parables of Grace*. Grand Rapids, MI: Wm. B. Eerdmans, 1988.

———. *The Parables of Judgment*. Grand Rapids, MI: Wm. B. Eerdmans, 1989.

———. *The Parables of the Kingdom*. Grand Rapids, MI: Wm. B. Eerdmans, 1989.

Chesterton, G. K., y Alvaro De Silva. *Brave New Family: G. K. Chesterton on Men and Women, Children, Sex, Divorce, Marriage and the Family*. San Francisco: Ignatius, 1990.

Criminal Justice and Behavior 14 (1978): 403–26.

Dahl, Roald, y Patrick Benson. *The Minpins*. New York: Viking, 1991.

Dodd, C. H. *The Parables of the Kingdom*. New York: Charles Scribner's Sons, 1961.

Eggebeen, David J. "Does Fatherhood Matter to Men?" *Journal of Marriage and Family*, no. 63 (mayo 2001): 381–93.

"Facts for Features: Unmarried and Single Americans Week: September 19–25, 2010." U.S. Census Bureau. Accedido el 25 de mayo de 2015. https://www.census.gov/newsroom/releases/archives/facts_for_features_special_editions/cb10-ff18.html.

Fairweather, Paul D. *Father Presence: The Obscure Voice of Empathy.* Aliso Viejo, CA: Author, 1997.

Fairweather, Paul D., y Donovan D. Johnson. *Symbolic Regression Psychology.* Nueva York: Irvington, 1981.

Fuller, Edmund. *Myth, Allegory, and Gospel: An Interpretation of J. R. R. Tolkien, C. S. Lewis, G. K. Chesterton, Charles Williams.* Edmonton: Canadian Institute for Law, Theology, and Public Policy, 2000.

The Holy Bible: ESV (English Standard Version) Containing the Old and New Testaments. Wheaton, IL: Crossway Bibles, 2008.

Househ, Econ. "The Evolution of Altruistic Preferences: Mothers versus Fathers." *US National Library of Medicine National Institutes of Health* 1, no. 11 (Septiembre de 2013): 421–46.

Hrdy, Sarah Blaffer. *Mother Nature: Maternal Instincts and How They Shape the Human Species.* Nueva York: Ballantine Books, 2000.

Jung, C. G., y R. F. C. Hull. *The Archetypes and the Collective Unconscious.* Princeton, NJ: Princeton University Press, 1980.

Koenig, Richard Edwin. *A Creative Minority: The Church in a New Age.* Minneapolis, MN: Augsburg, 1971.

Kolb, Robert, Timothy J. Wengert, y Charles P. Arand, ed. *The Book of Concord: The Confessions of the Evangelical Lutheran Church.* Minneapolis, MN: Fortress, 2000.

Laughlin, Lynda. "Who's Minding the Kids? Child Care Arrangements: Spring 2011." U.S. Census Bureau. Accedido el 28 de mayo de 2015. https://www.census.gov/prod/2013pubs/p70-135.pdf.

Lazareth, William Henry. *Luther on the Christian Home: An Application of the Social Ethics of the Reformation.* Philadelphia: Muhlenberg Press, 1960.

Lewis, C. S. *Los cuatro amores.* Nueva York: Harcourt, Brace, 1960.

Lewis, C. S., W. H. Lewis, y Walter Hooper. *Letters of C. S. Lewis.* San Diego: Harcourt, Brace, 1993.

Low, Robbie. "The Truth about Men and Church." *Touchstone: A Journal of Mere Christianity* 16, no. 5 (2003).

Lutero, Martín. *Comentario a la epístola de Gálatas.* Viña del Mar: Mediador Ediciones, 1949.

———. *Luthers Werke auf CD-ROM: (Weimarer Ausgabe).* Cambridge: Chadwyck-Healey, 2000.

MacDonald, George. *A Hidden Life and Other Poems*. Eureka, CA: Sunrise Books, 1988.

McLanahan, Sara, y Gary D. Sandefur. *Growing Up with a Single Parent: What Hurts, What Helps*. (Cambridge, MA: Harvard University Press, 1994).

Meeker, Margaret J. *Strong Fathers, Strong Daughters: 10 Secrets Every Father Should Know*. Nueva York: Ballantine Books, 2007.

Menninger, Karl A. *Whatever Became of Sin?* Toronto: Bantam Books, 1988.

Miller, Alice. *For Your Own Good: Hidden Cruelty in Child-Rearing and the Roots of Violence*. Nueva York: Farrar, Straus, Giroux, 1983.

Mitscherlich, Alexander. *Society without the Father: A Contribution to Social Psychology*. New York: Harper Perennial, 1993.

Nestingen, James Arne. "Preaching Repentance." *Lutheran Quarterly* 3 (1989): 249–65.

Nestingen, James Arne,y Gerhard O. Forde. *Free to Be: A Handbook to Luther's Small Catechism*. Minneapolis, MN: Augsburg, 1975.

NIH: National Institute of Mental Health. "Mental Illness Exacts Heavy Toll, Beginning in Youth." Accedido el 29 de mayo de 2015 http://www.nimh.nih.gov/news/science-news/2005/mental -illness-exacts-heavy-toll-beginning-in-youth.shtml.

Oden, Michael S. *When Nobody's Home: The Truth behind Drug and Alcohol Addiction through the Eyes of a Probation Officer*. Bloomington, IN: Author House, 2014.

Pew Research Center. "Gender Gap in College Enrollment." Accedido el 28 de mayo de 2015. http://www.pewresearch.org/ fact-tank/2014/03/06/womens-college-enrollment-gains-leave -men-behind.

Popenoe, David. *Life without Father: Compelling New Evidence That Fatherhood and Marriage Are Indispensable for the Good of Children and Society*. New York: Free Press, 1996.

Rosenbladt, Rod. "When Good Fathers Die, It's Always Too Soon." Podcast audio, sin fecha. https://shop.1517legacy.com/product/ when-good-fathers-die-its-always-too-early-mp3.

Thielicke, Helmut. *The Waiting Father; Sermons on the Parables of Jesus*. Nueva York: Harper, 1959.

Tolkien, J. R. R., Verlyn Flieger, y Douglas A. Anderson. *Tolkien on Fairy-Stories*. Londres: HarperCollins, 2008.

Veith, Gene Edward. *God at Work: Your Christian Vocation in All of Life*. Wheaton, IL: Crossway Books, 2002.

Walther, C. F. W., y Walter C. Pieper. *God's No and God's Yes: The Proper Distinction between Law and Gospel*. St. Louis, MO: Concordia, 1973.

Warner, Judith. *We've Got Issues: Children and Parents in the Age of Medication*. Nueva York: Riverhead Books, 2010.

Wilson, Douglas. *Father Hunger: Why God Calls Men to Love and Lead Their Families*. Nashville, TN: Thomas Nelson, 2012.

Wingren, Gustaf. *The Living Word: A Theological Study of Preaching and the Church*. Philadelphia: Muhlenberg Press, 1960.

www.ingramcontent.com/pod-product-compliance
Lightning Source LLC
Chambersburg PA
CBHW020246130626
46549CB00005B/2095